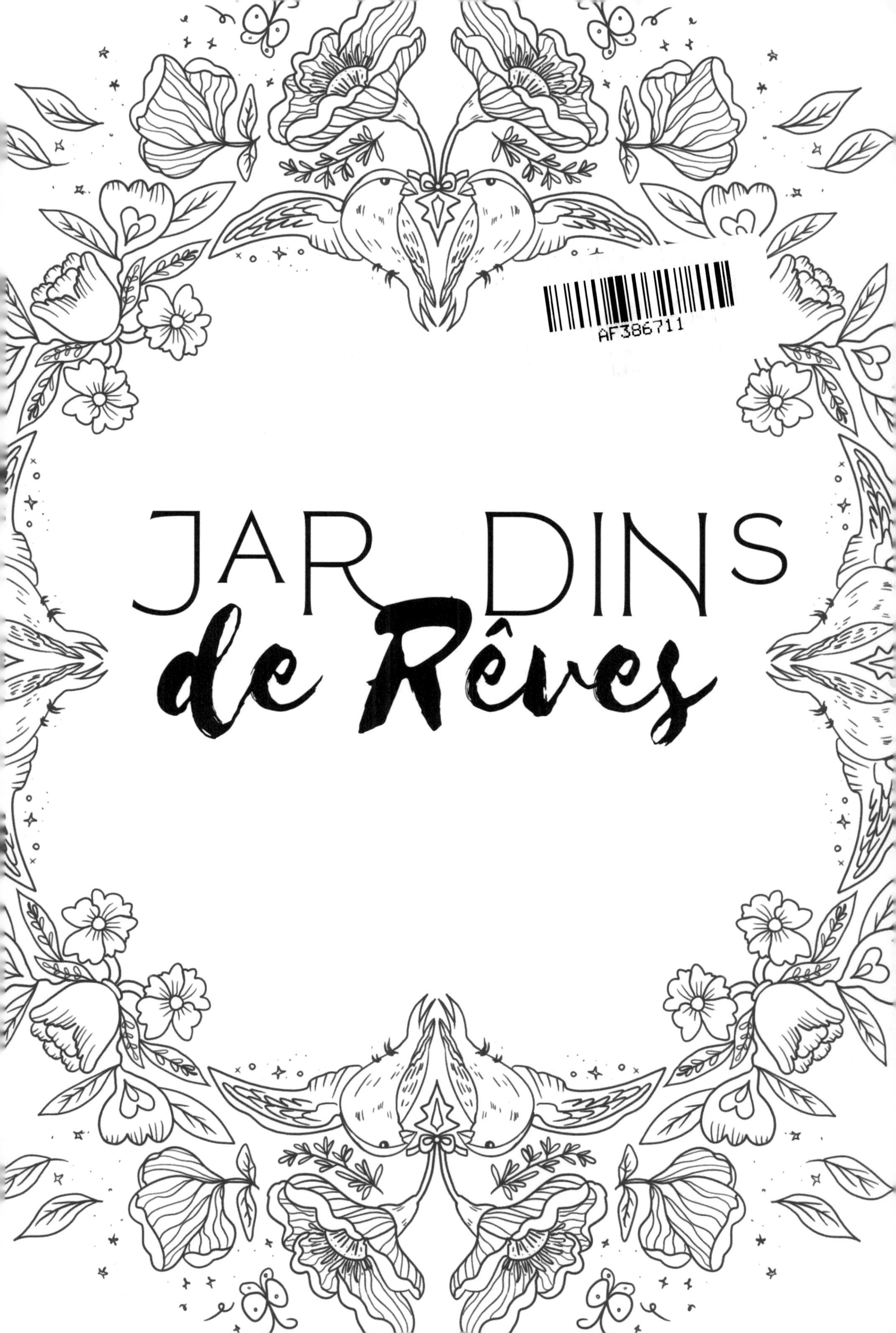
JARDINS
de Rêves
AF386711

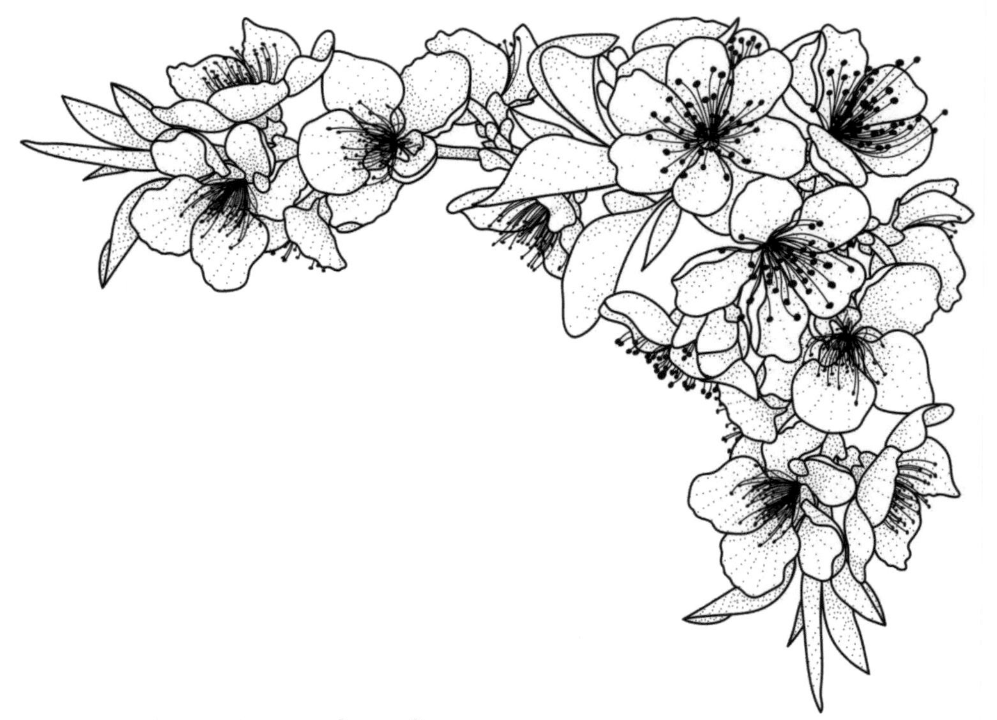

© 2022, Créatif Factory

Édition : BoD – Books on Demand, info@bod.fr

Impression : BoD – Books on Demand, In de Tarpen 42, Norderstedt (Allemagne)
Impression à la demande
ISBN: 978-2-3224-6866-9
Dépôt légal : Janvier 2023

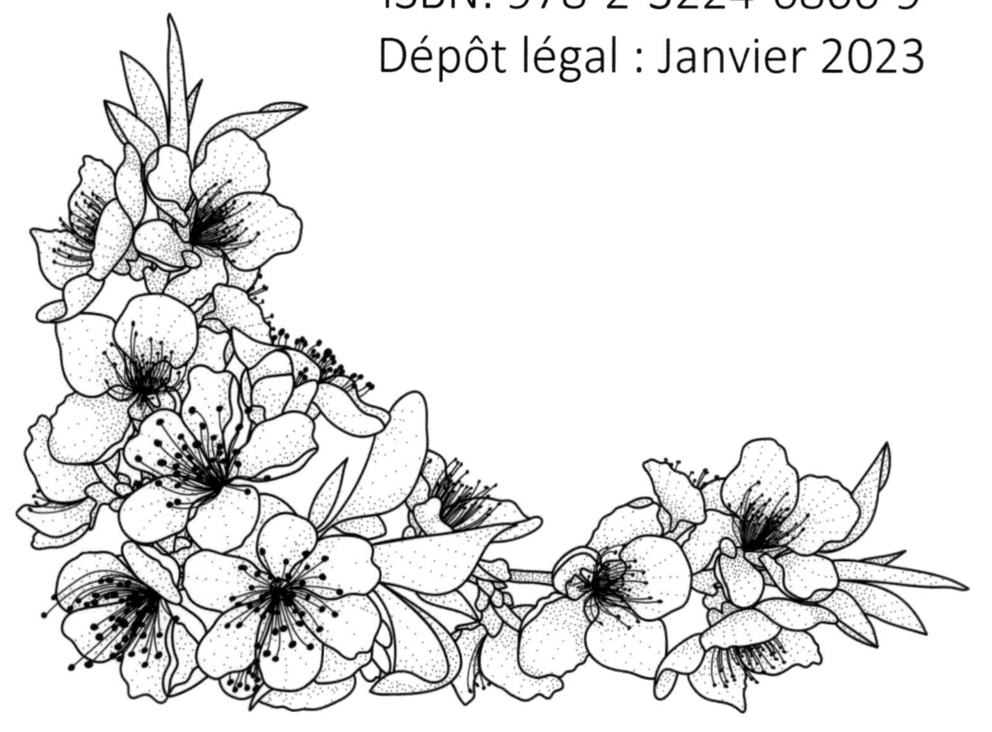

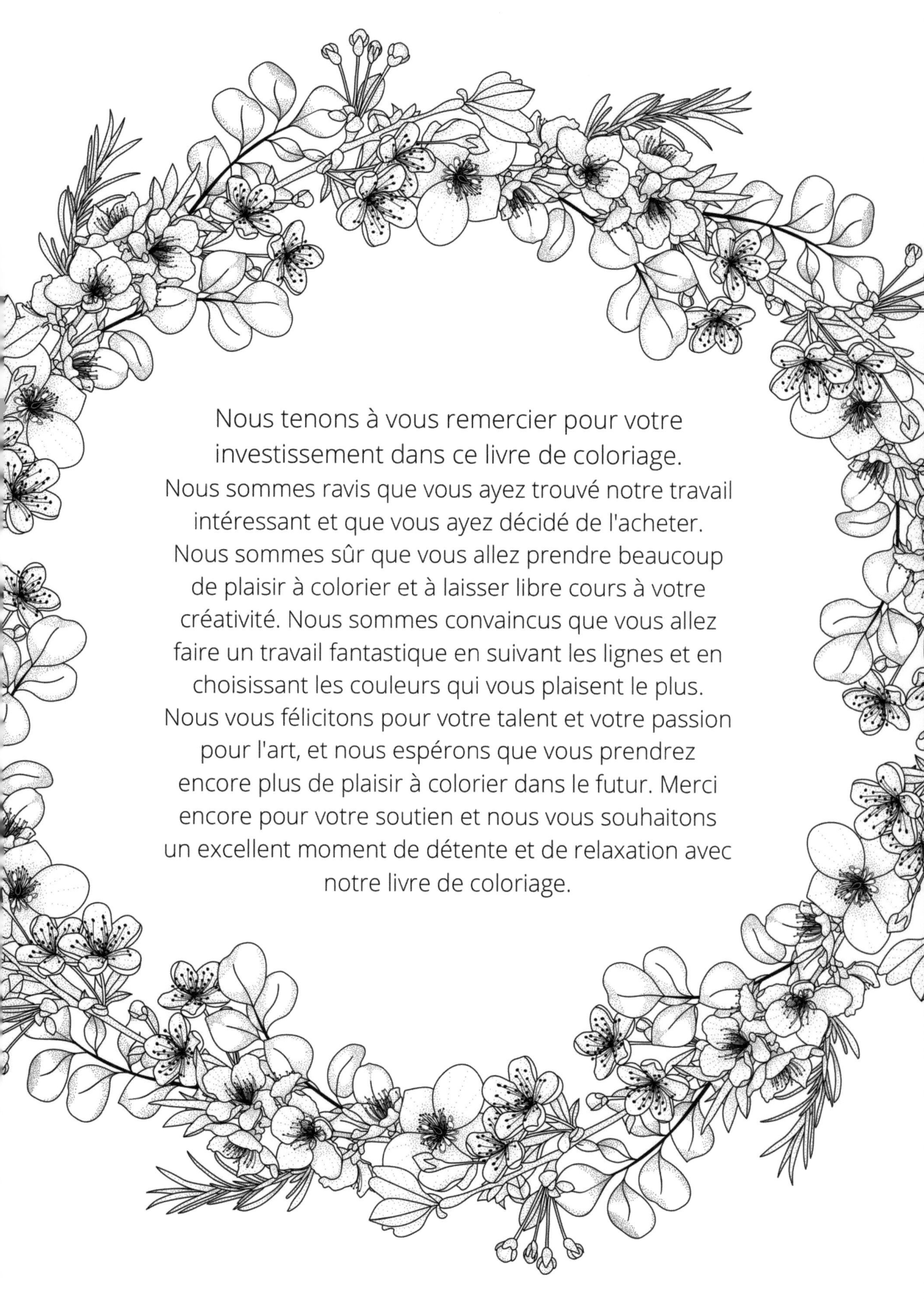

Nous tenons à vous remercier pour votre
investissement dans ce livre de coloriage.
Nous sommes ravis que vous ayez trouvé notre travail
intéressant et que vous ayez décidé de l'acheter.
Nous sommes sûr que vous allez prendre beaucoup
de plaisir à colorier et à laisser libre cours à votre
créativité. Nous sommes convaincus que vous allez
faire un travail fantastique en suivant les lignes et en
choisissant les couleurs qui vous plaisent le plus.
Nous vous félicitons pour votre talent et votre passion
pour l'art, et nous espérons que vous prendrez
encore plus de plaisir à colorier dans le futur. Merci
encore pour votre soutien et nous vous souhaitons
un excellent moment de détente et de relaxation avec
notre livre de coloriage.

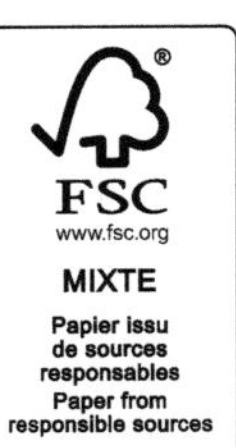
FSC
www.fsc.org
MIXTE
Papier issu
de sources
responsables
Paper from
responsible sources
FSC® C105338

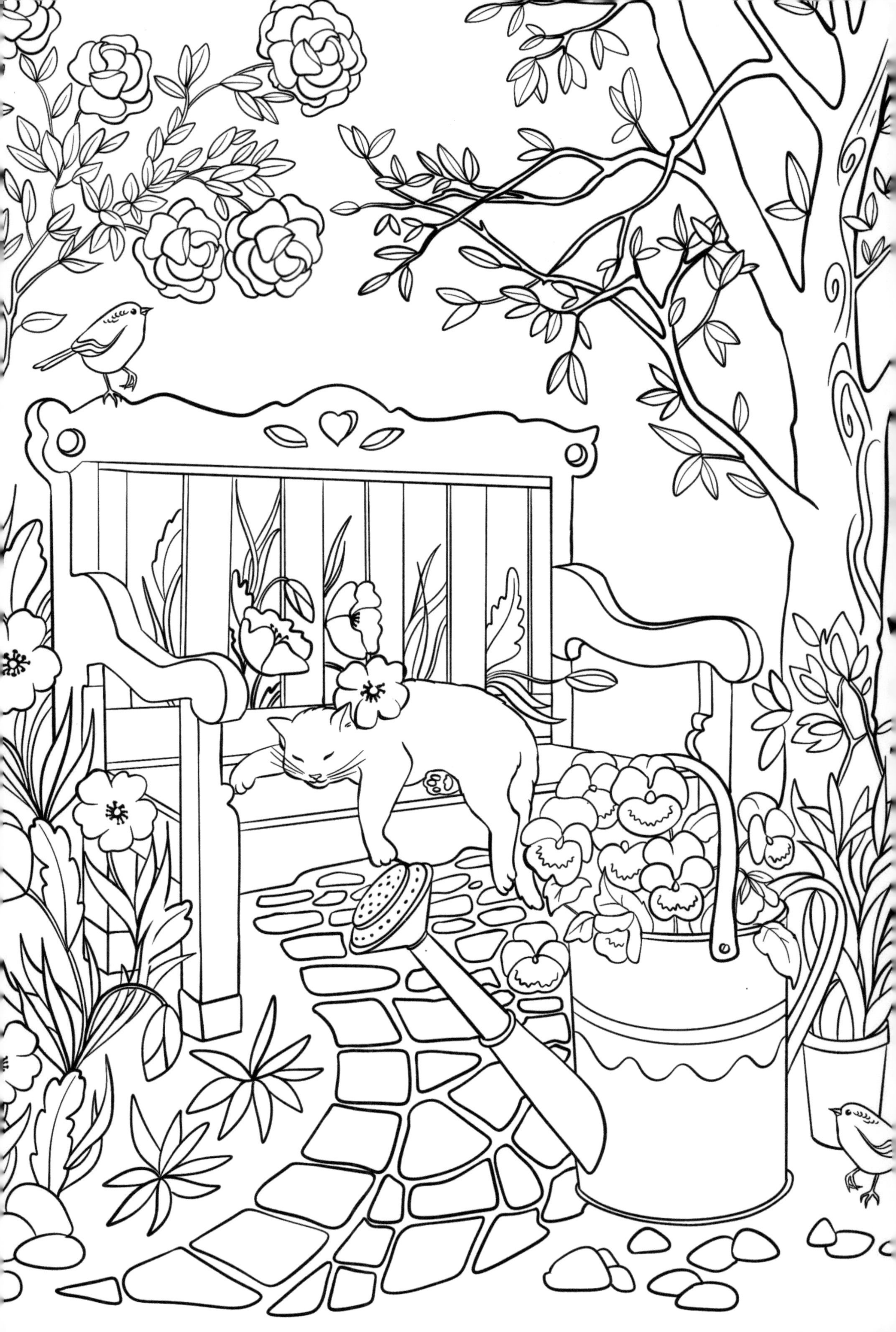

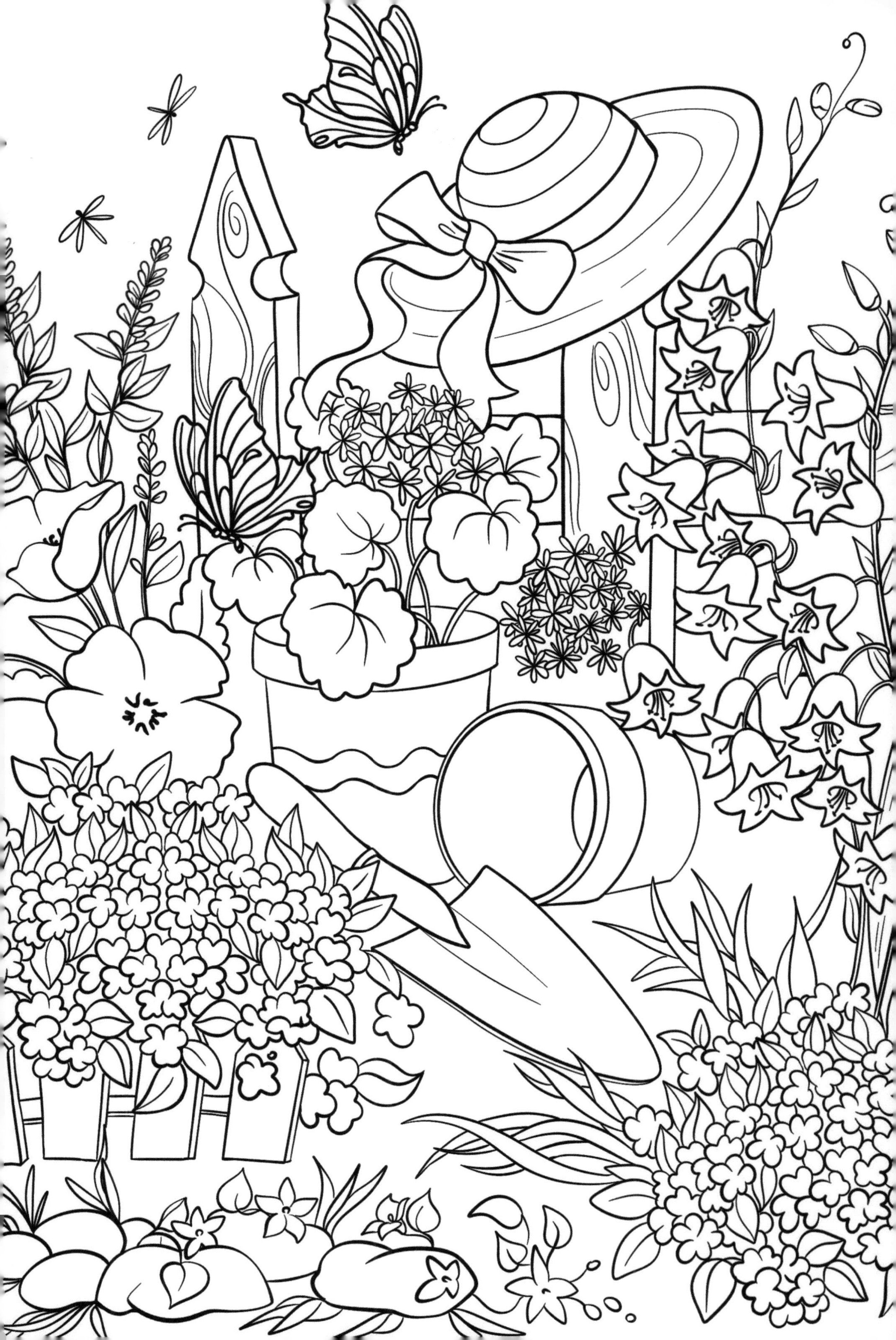

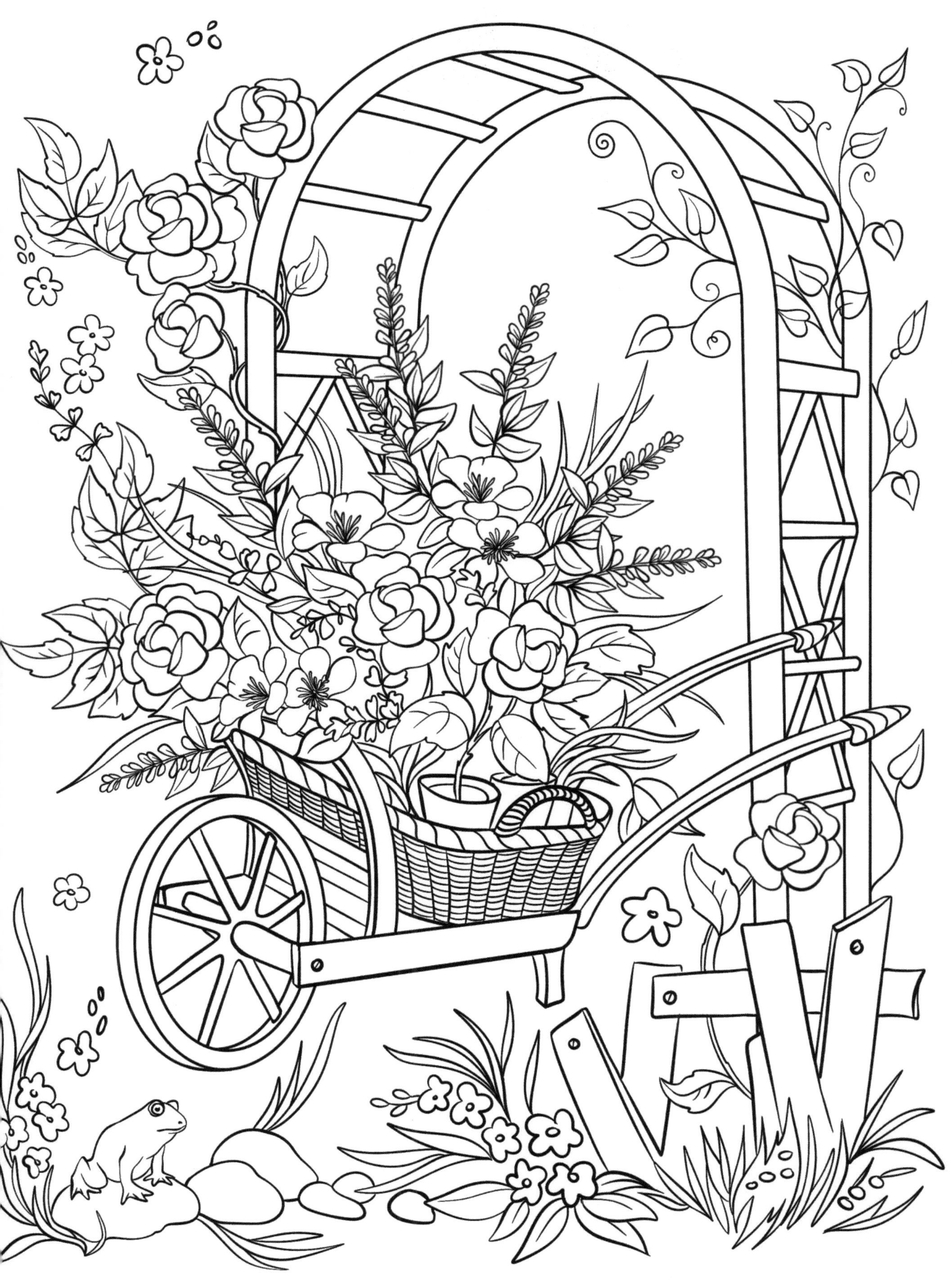

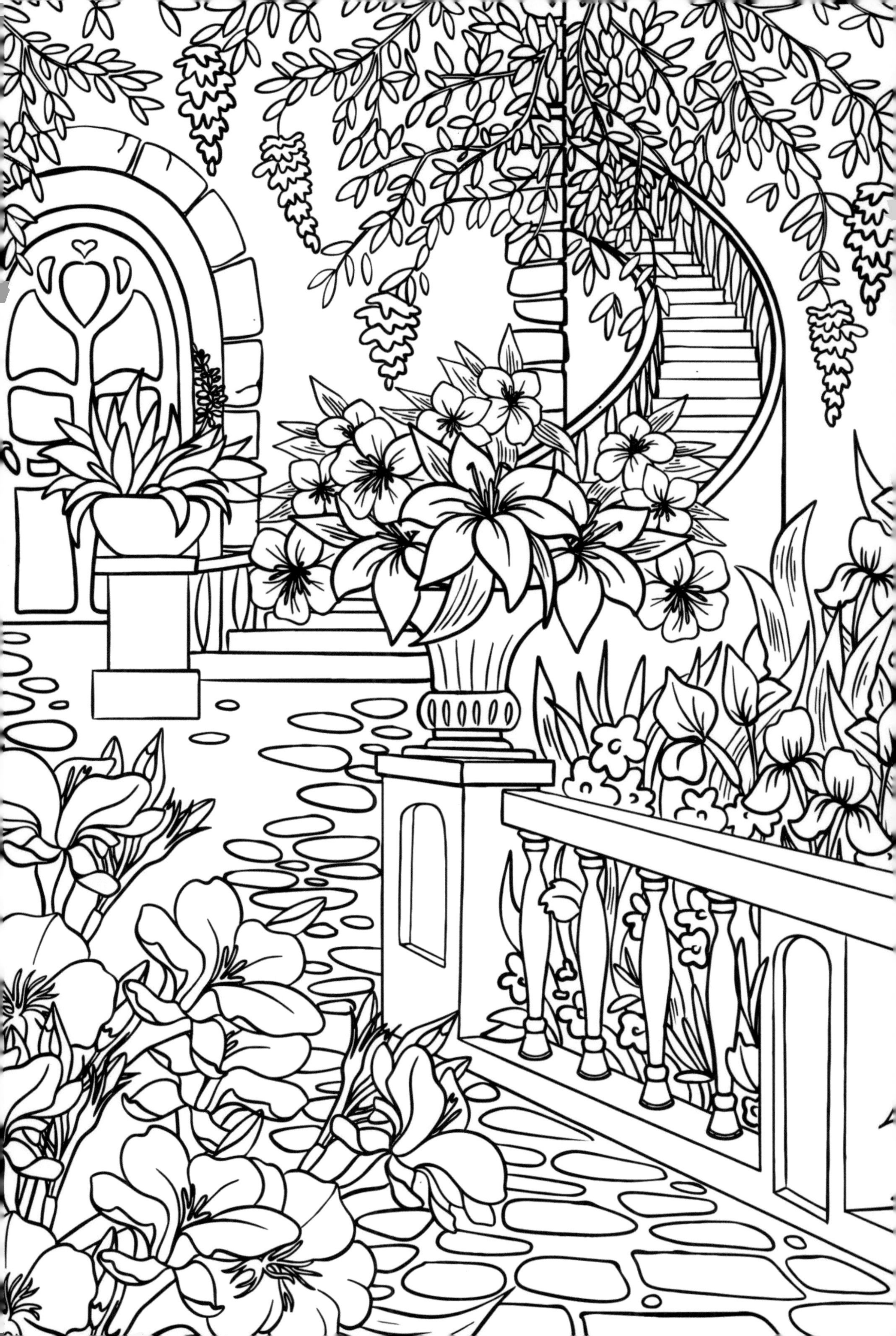

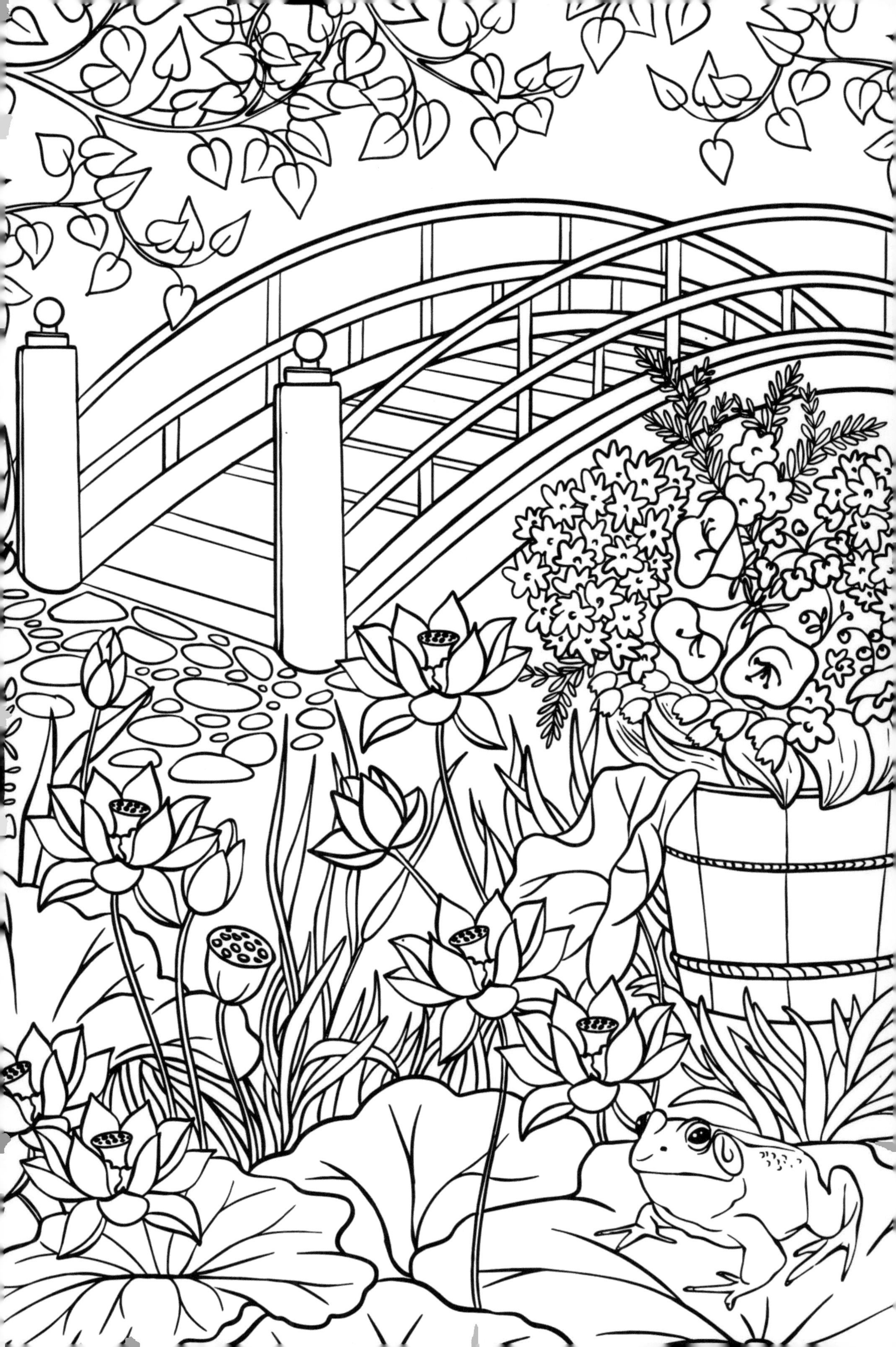

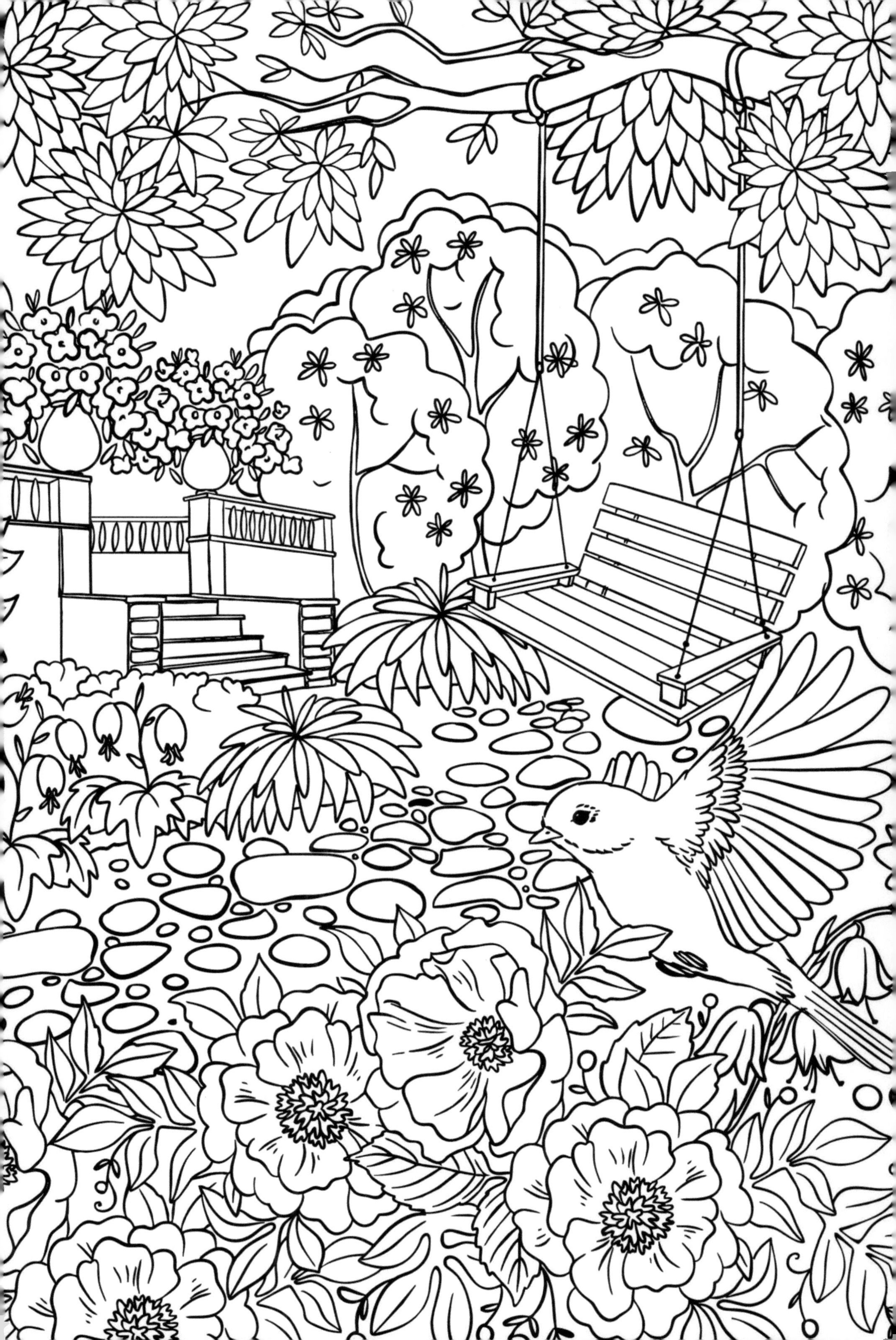

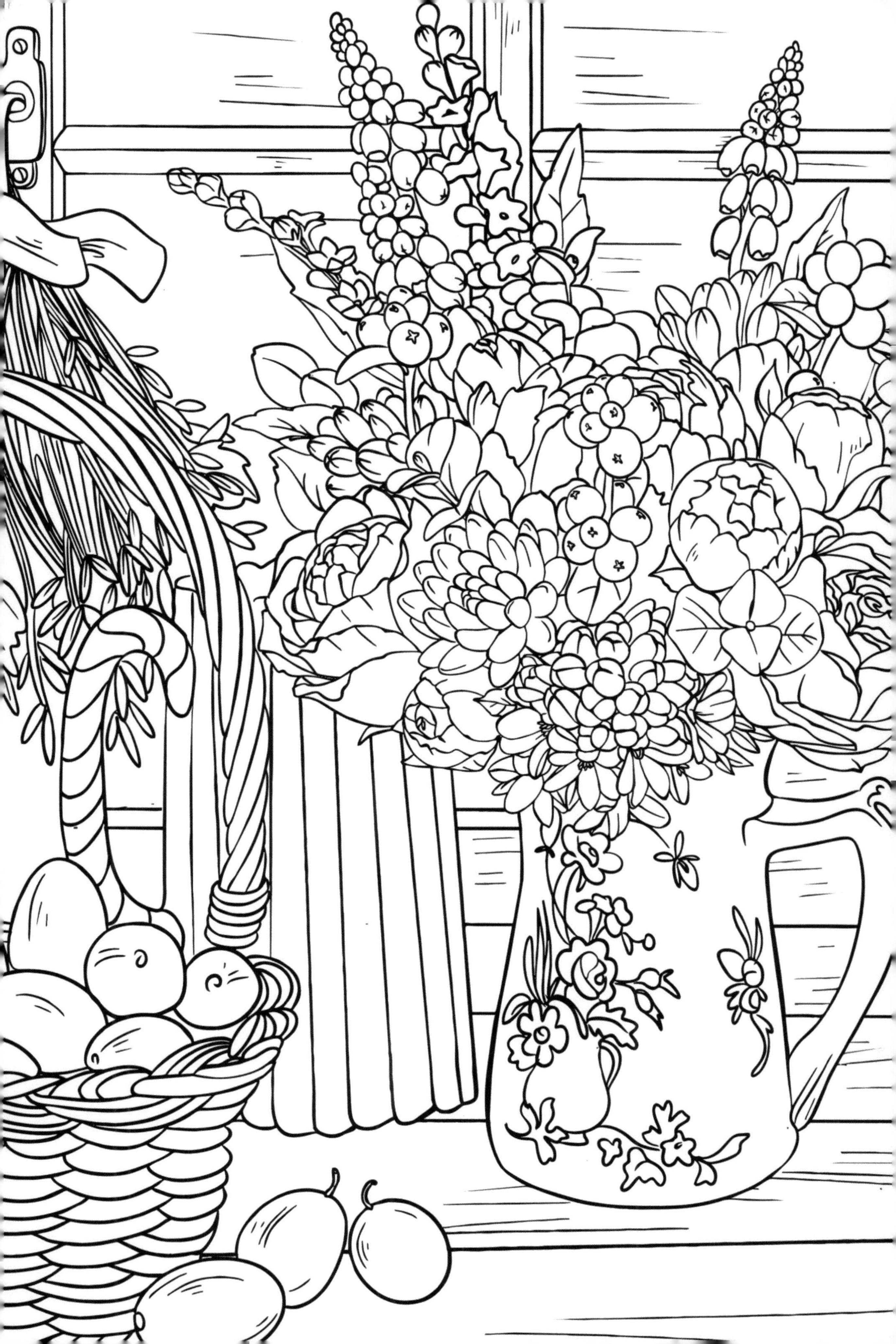

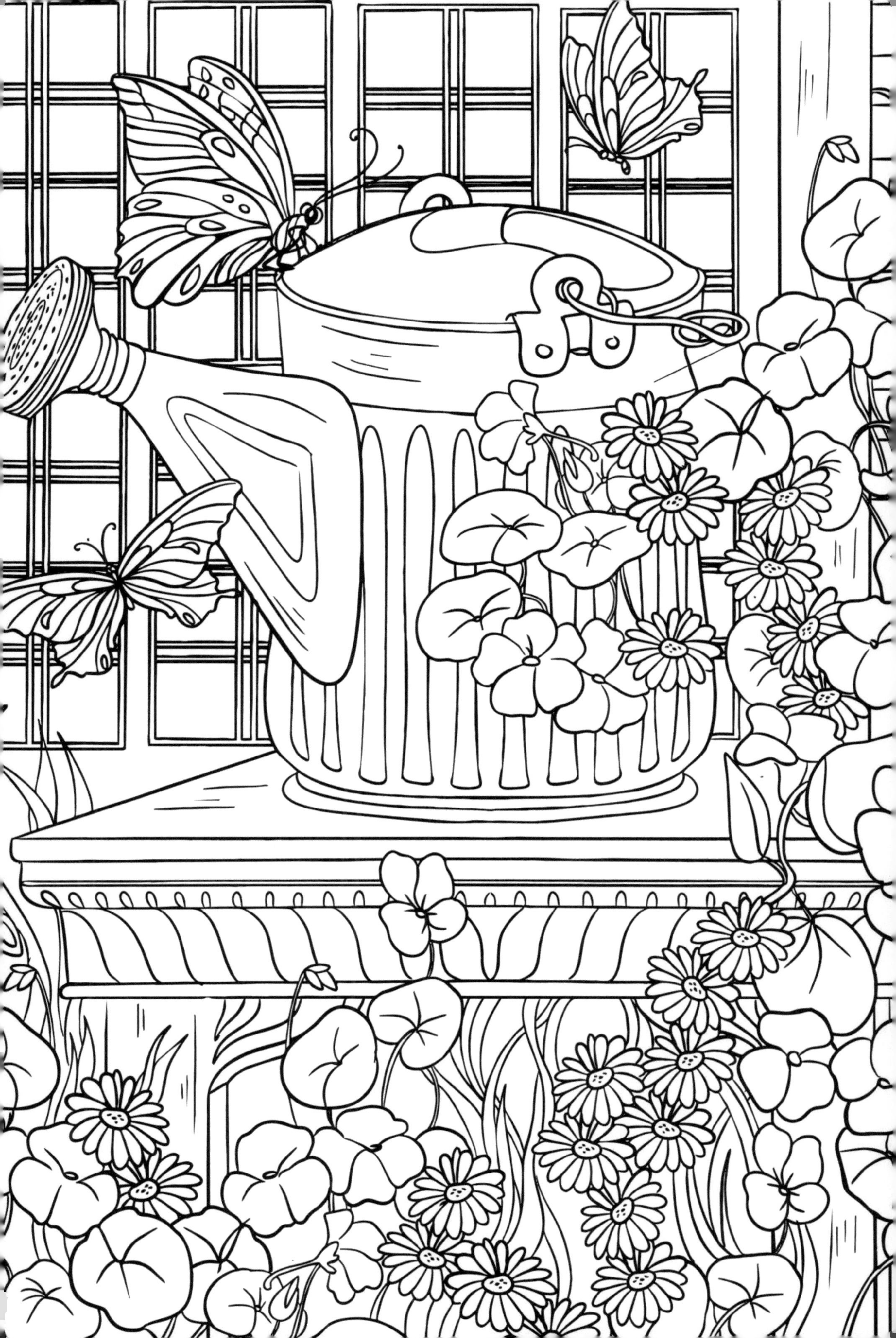

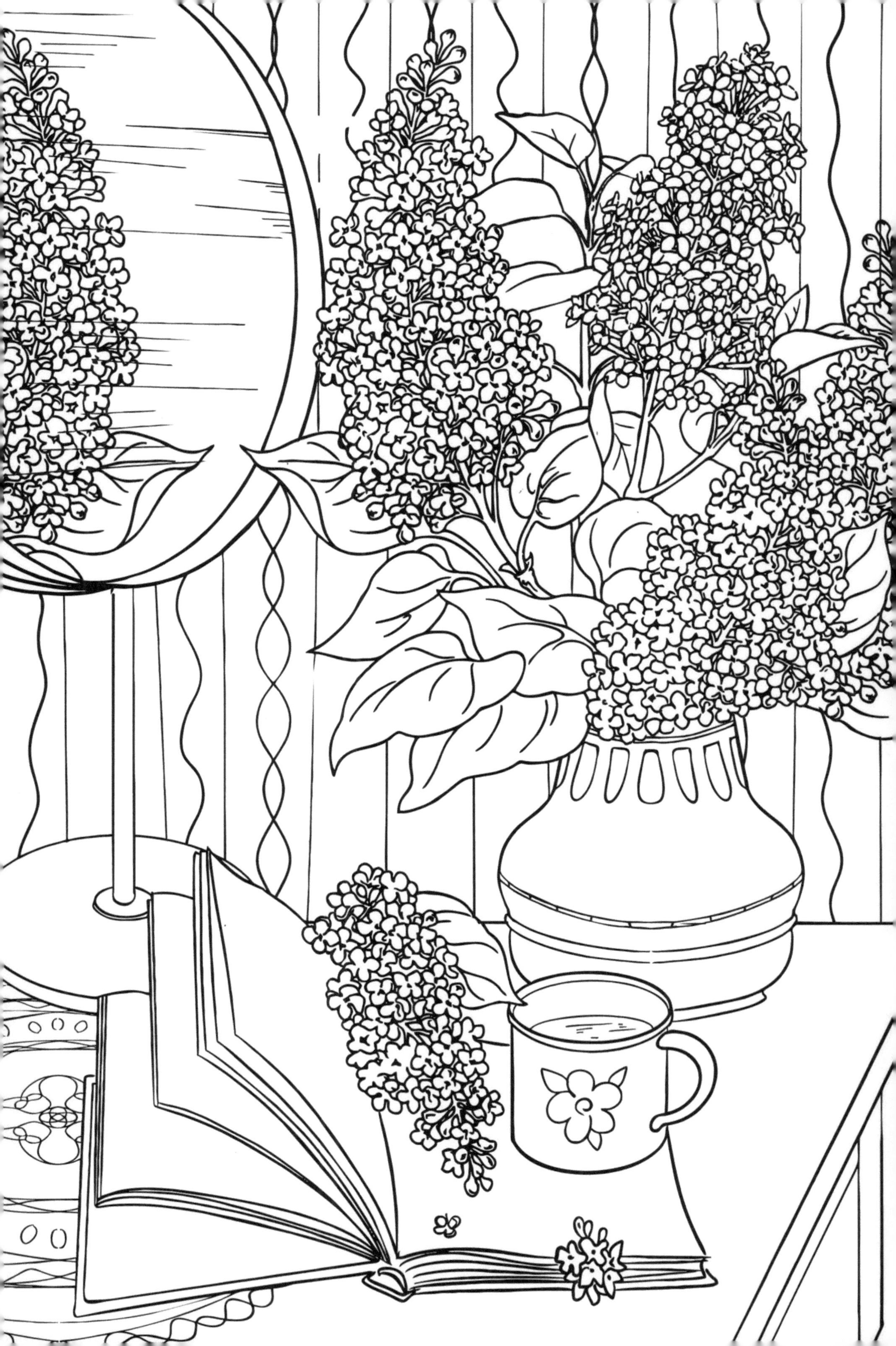

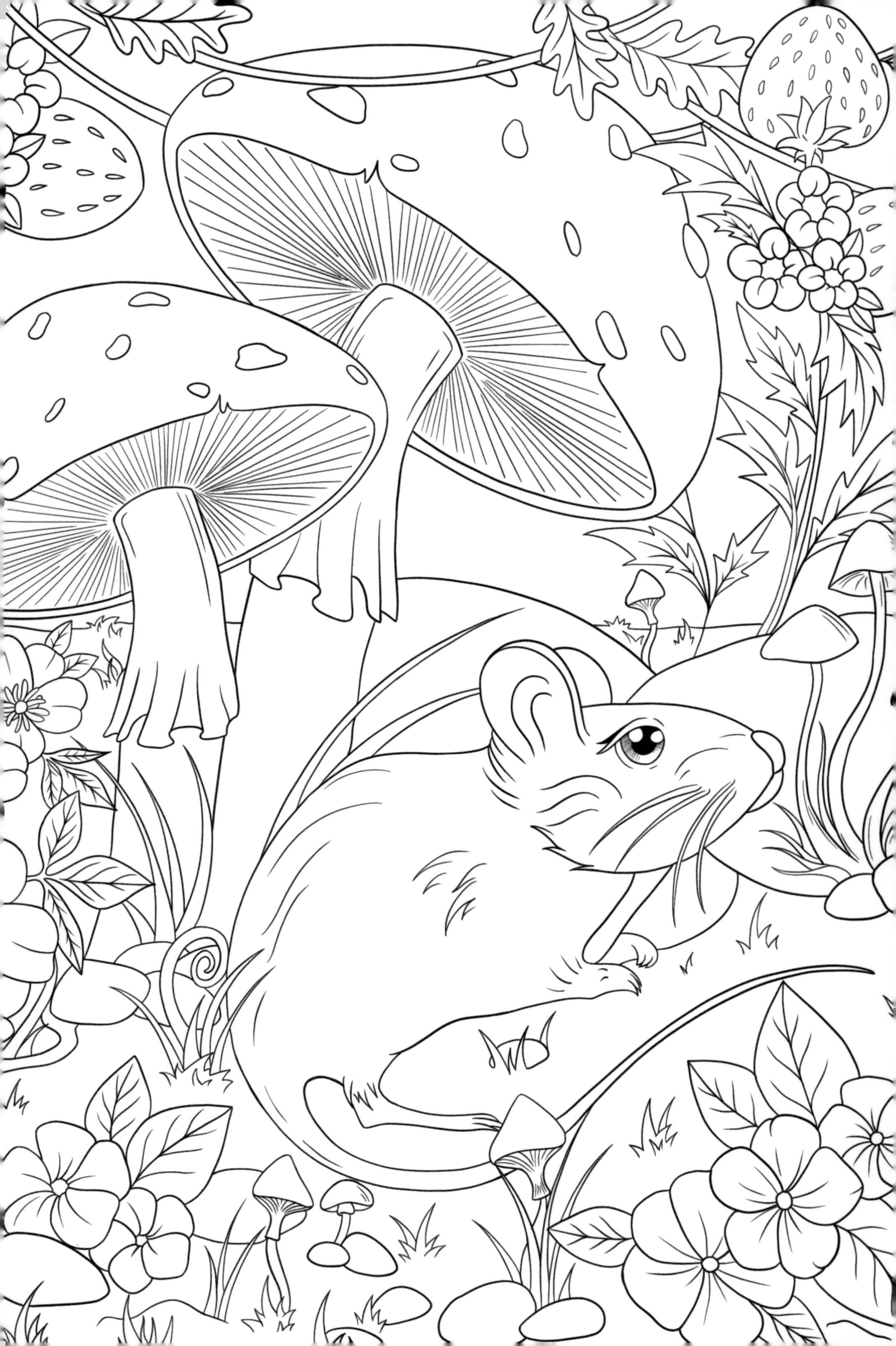

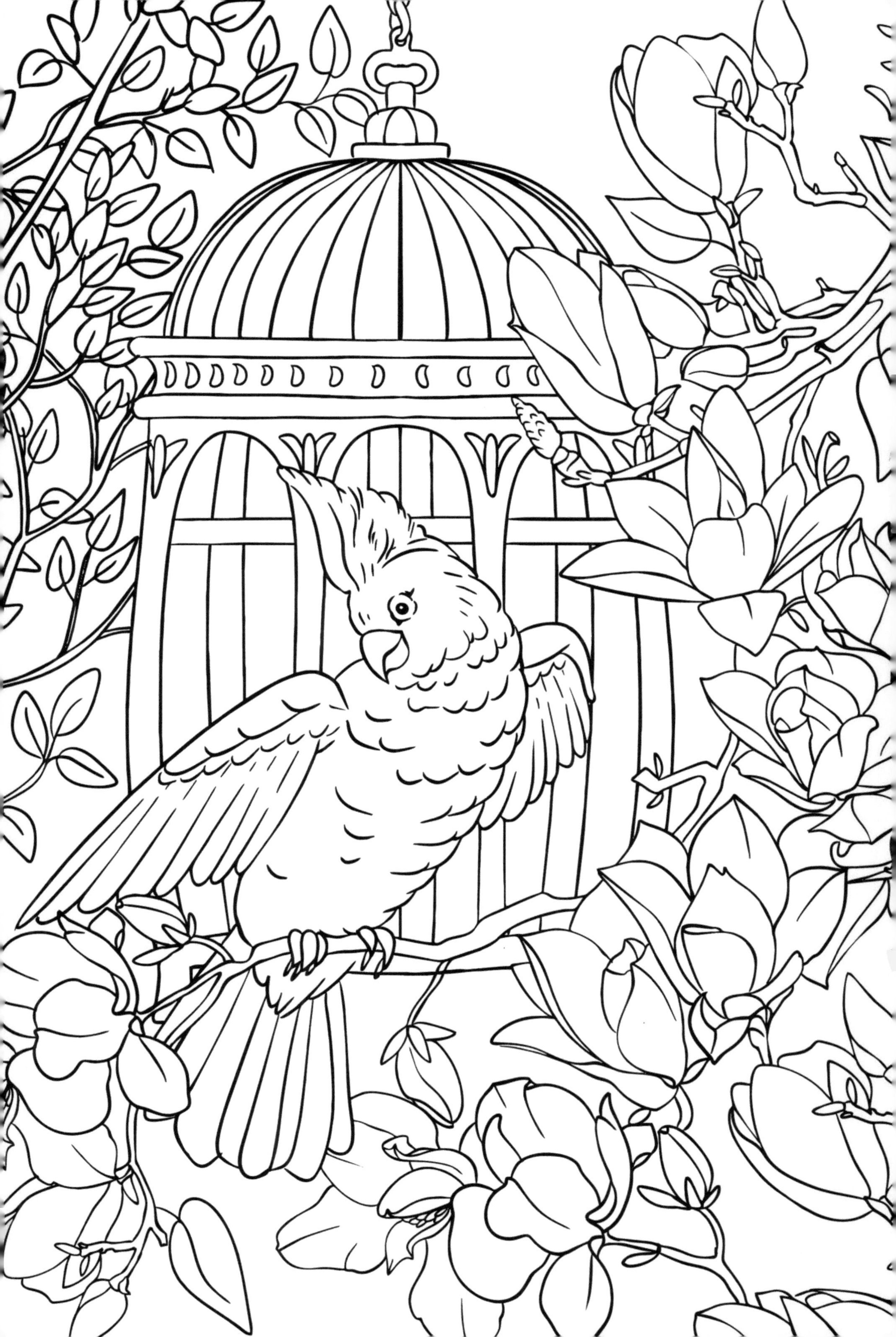

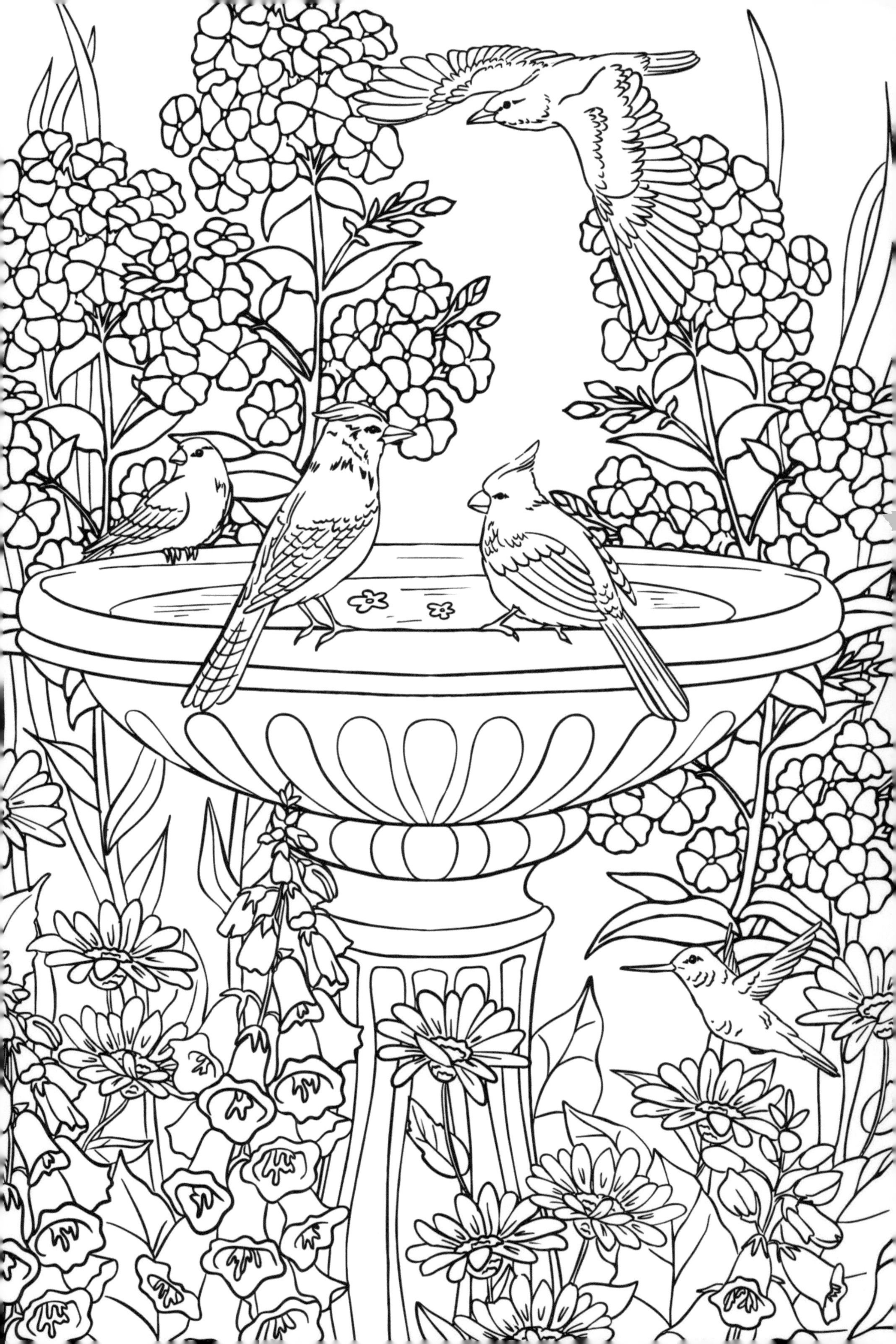

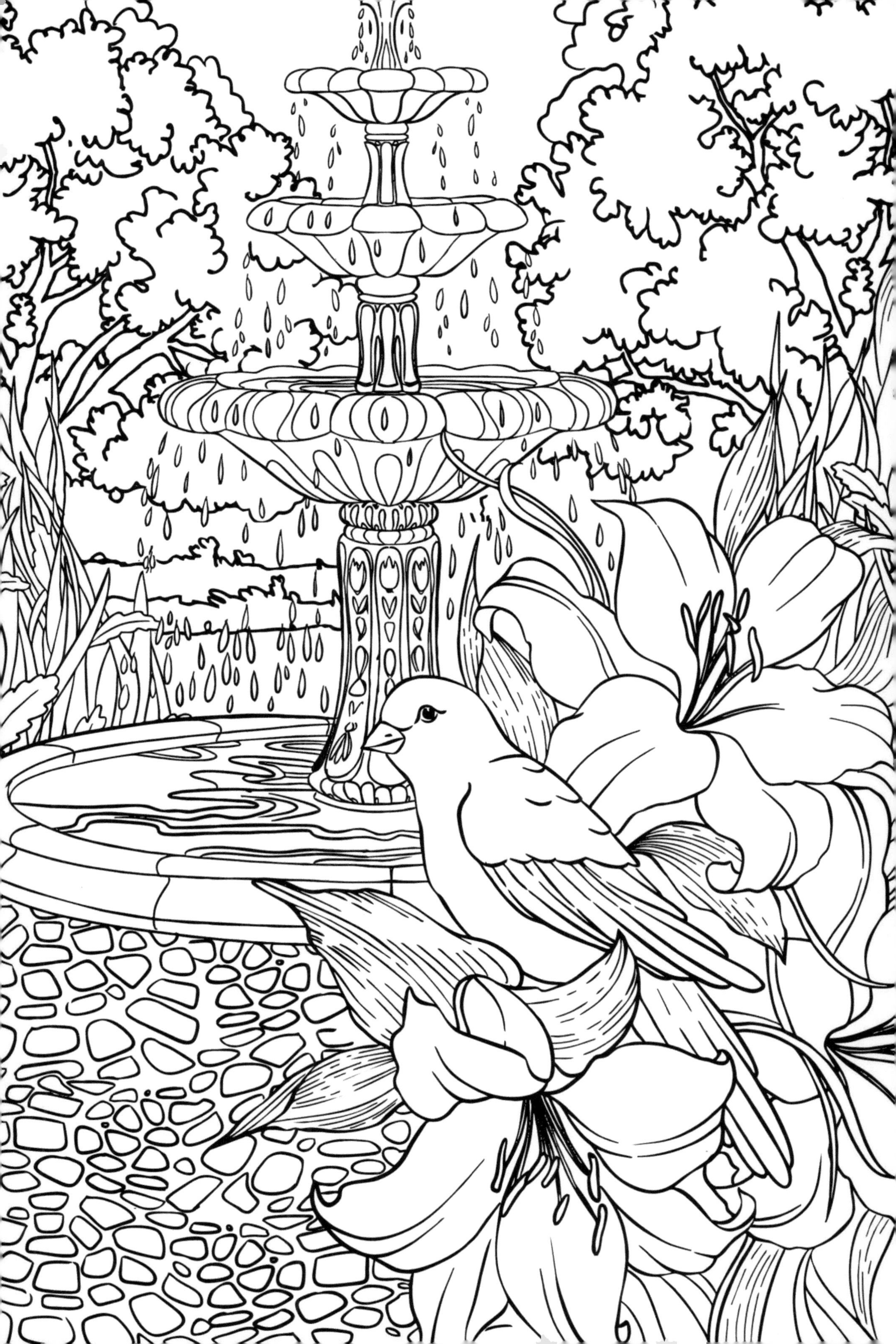

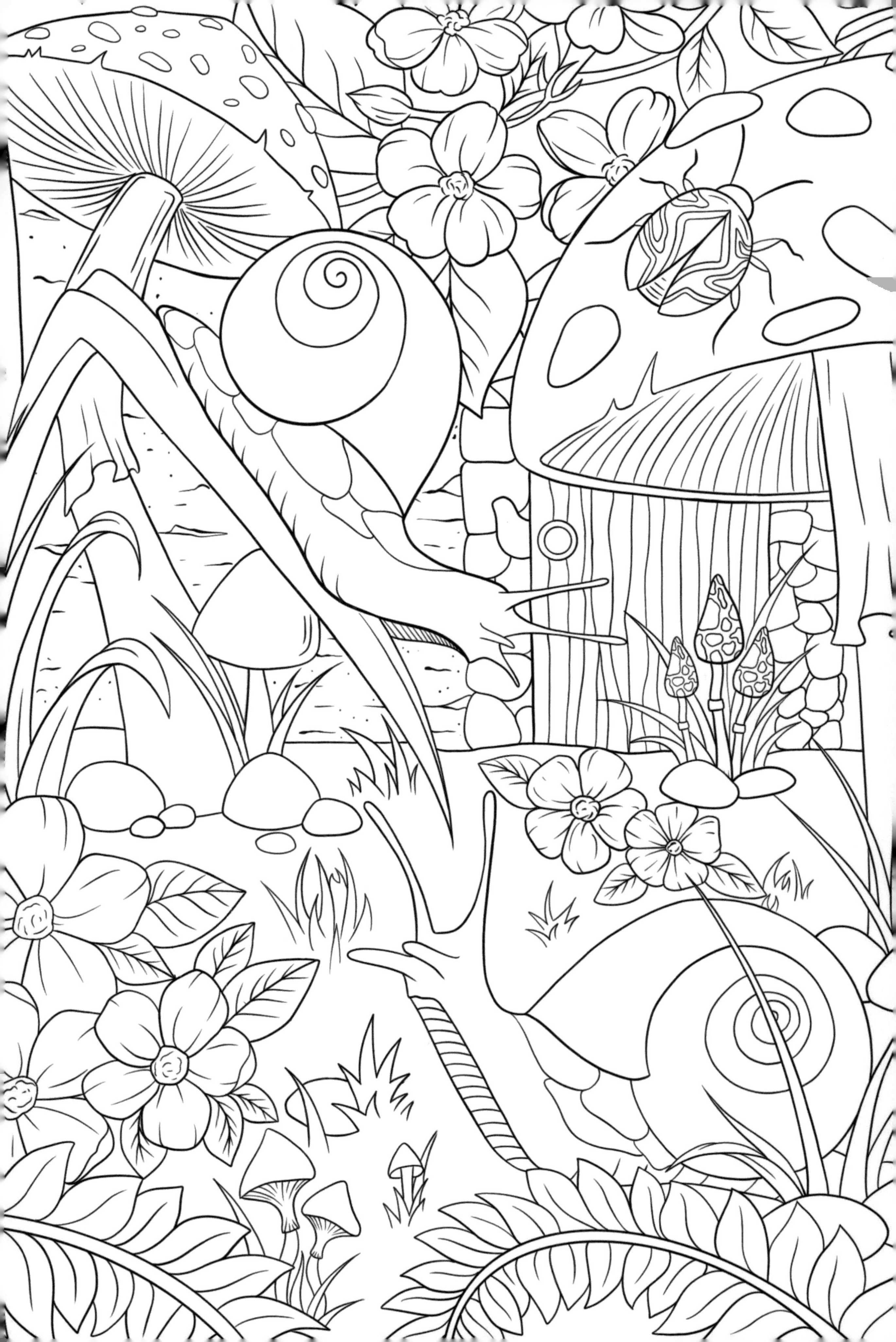

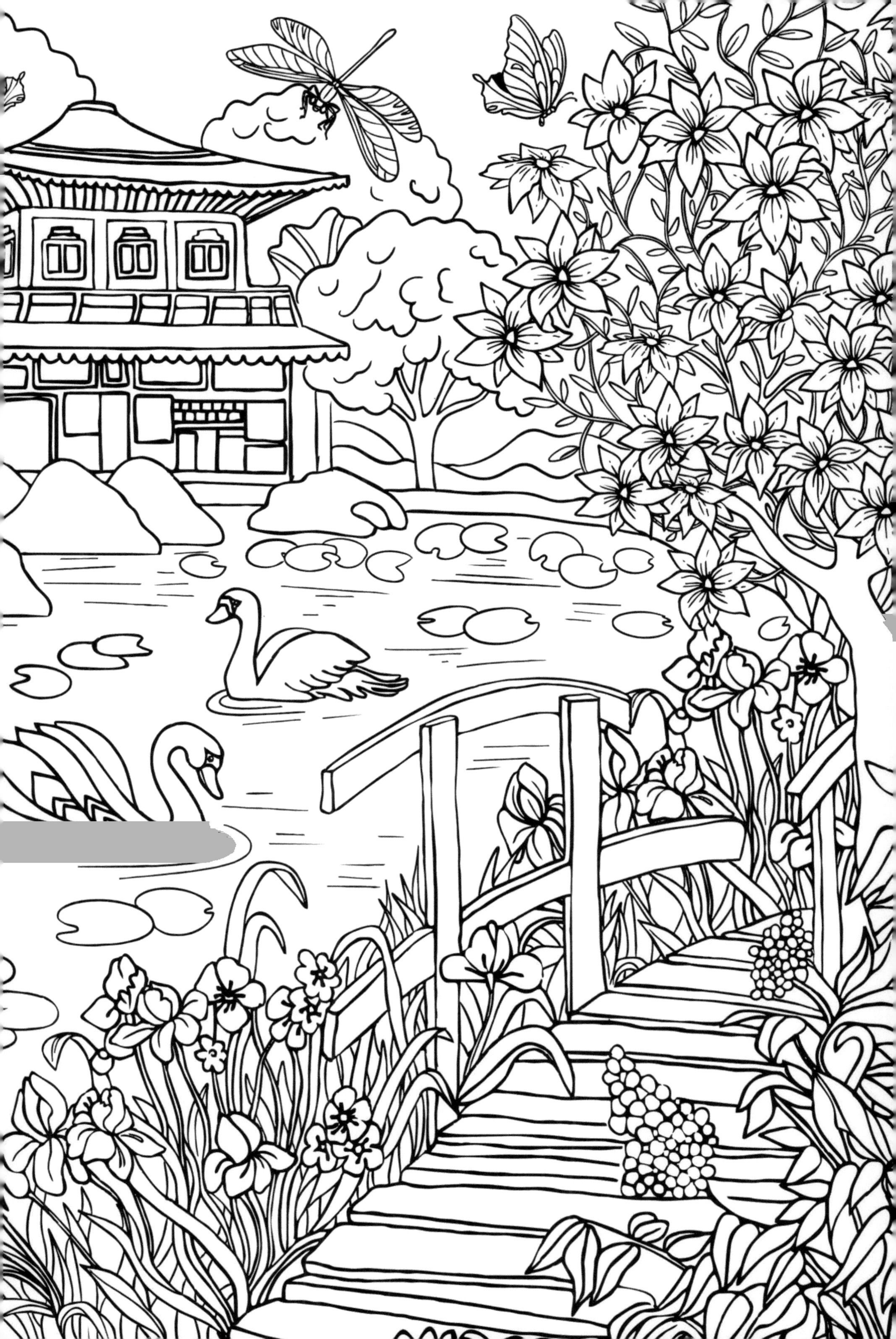

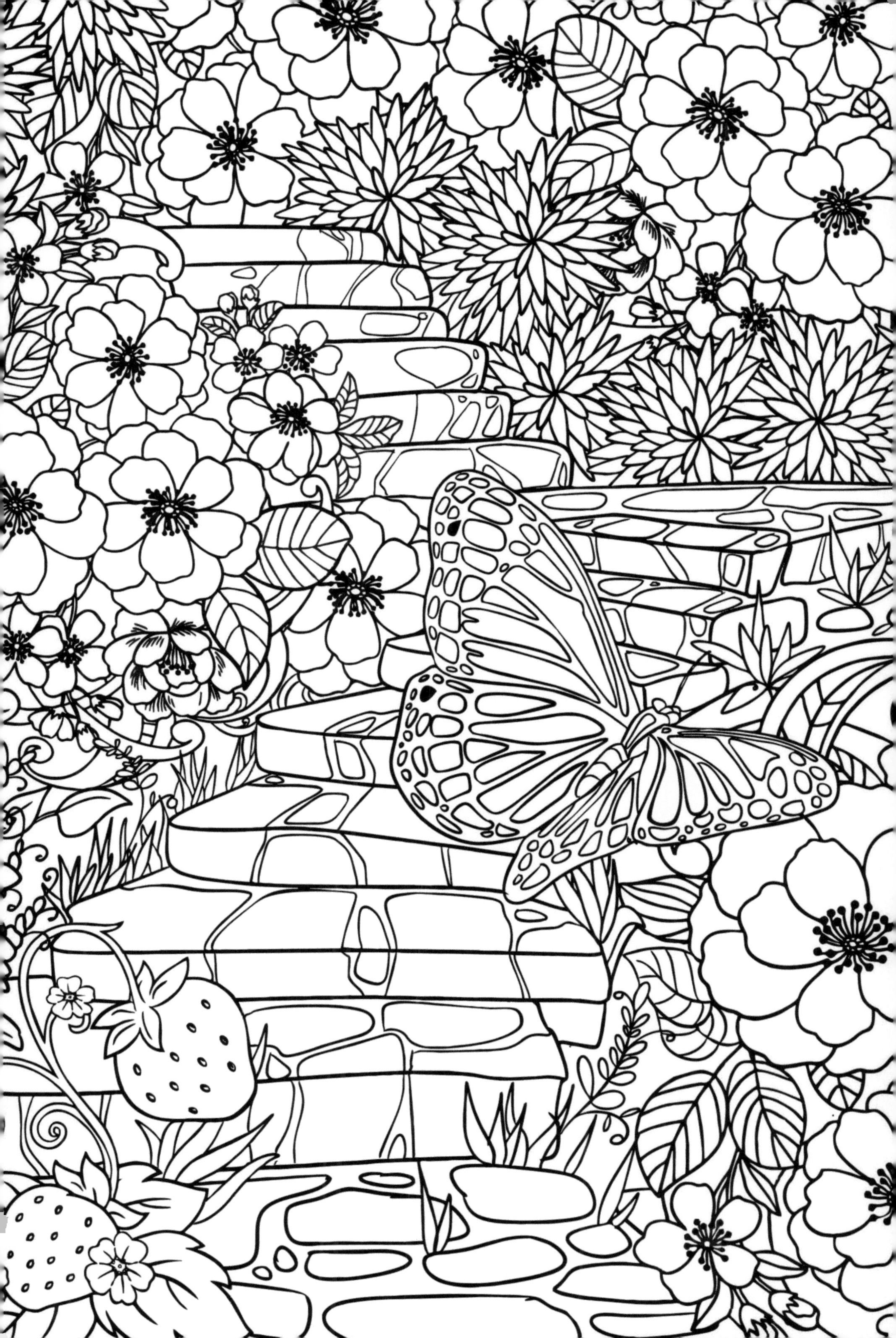

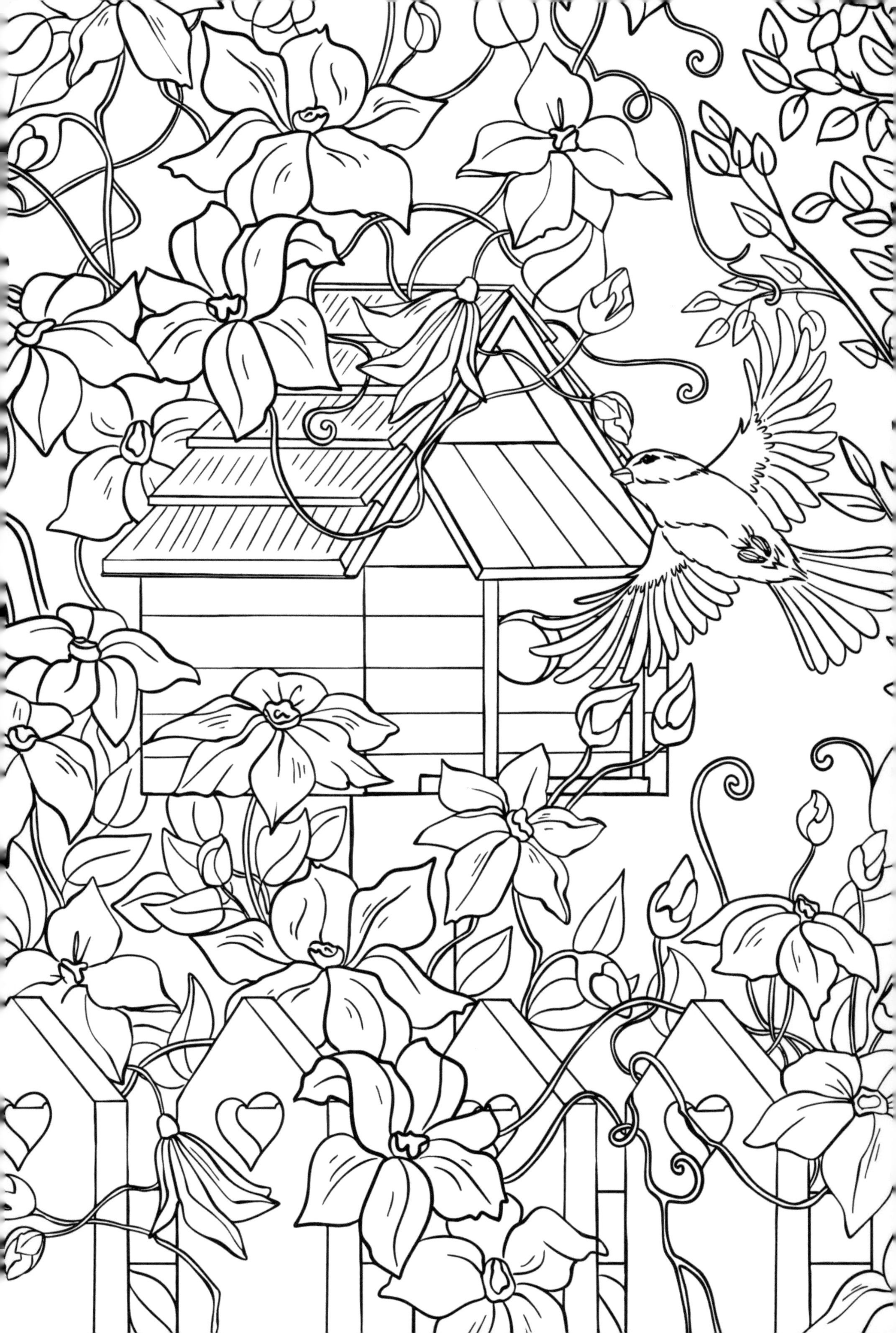

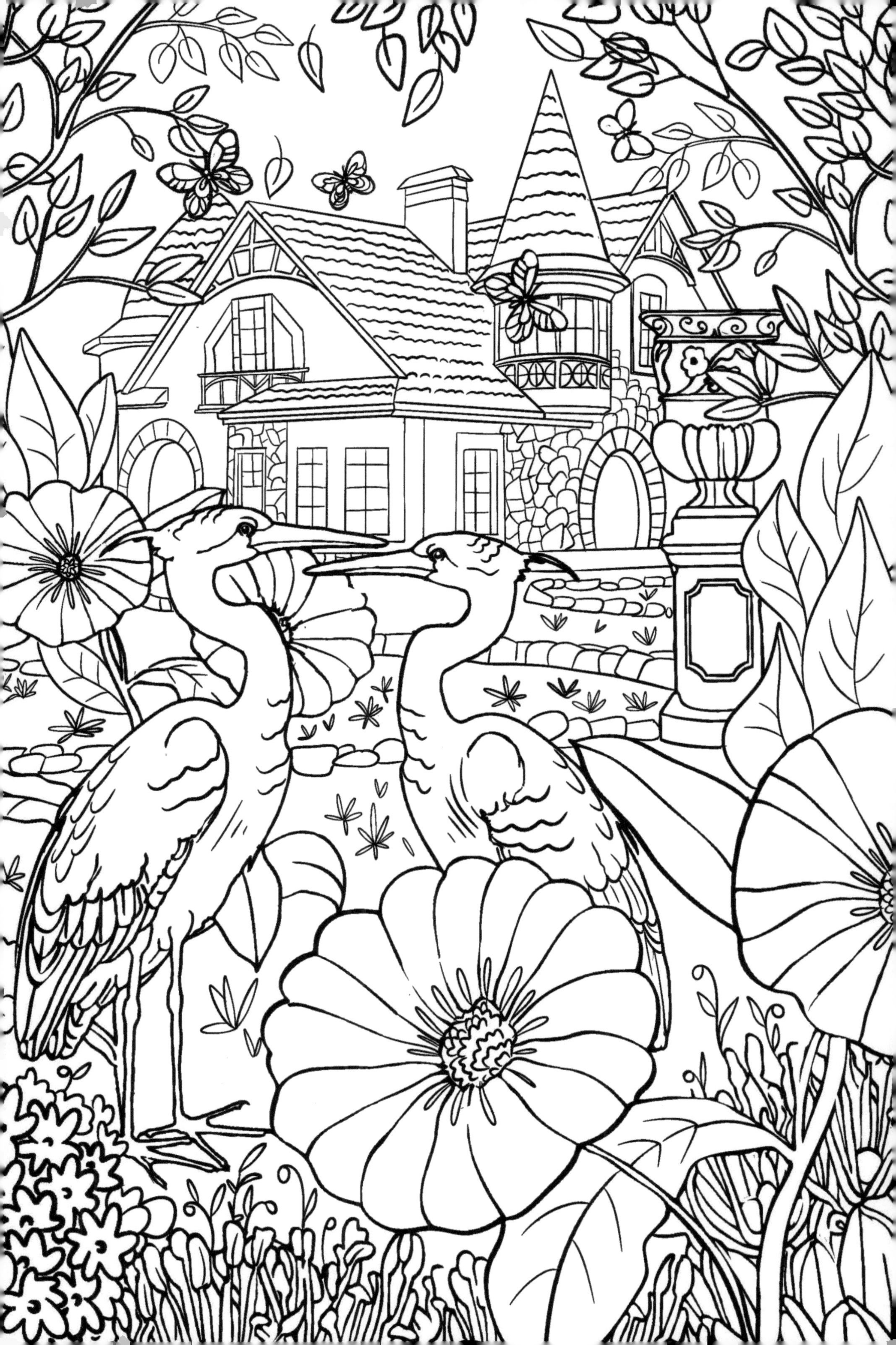

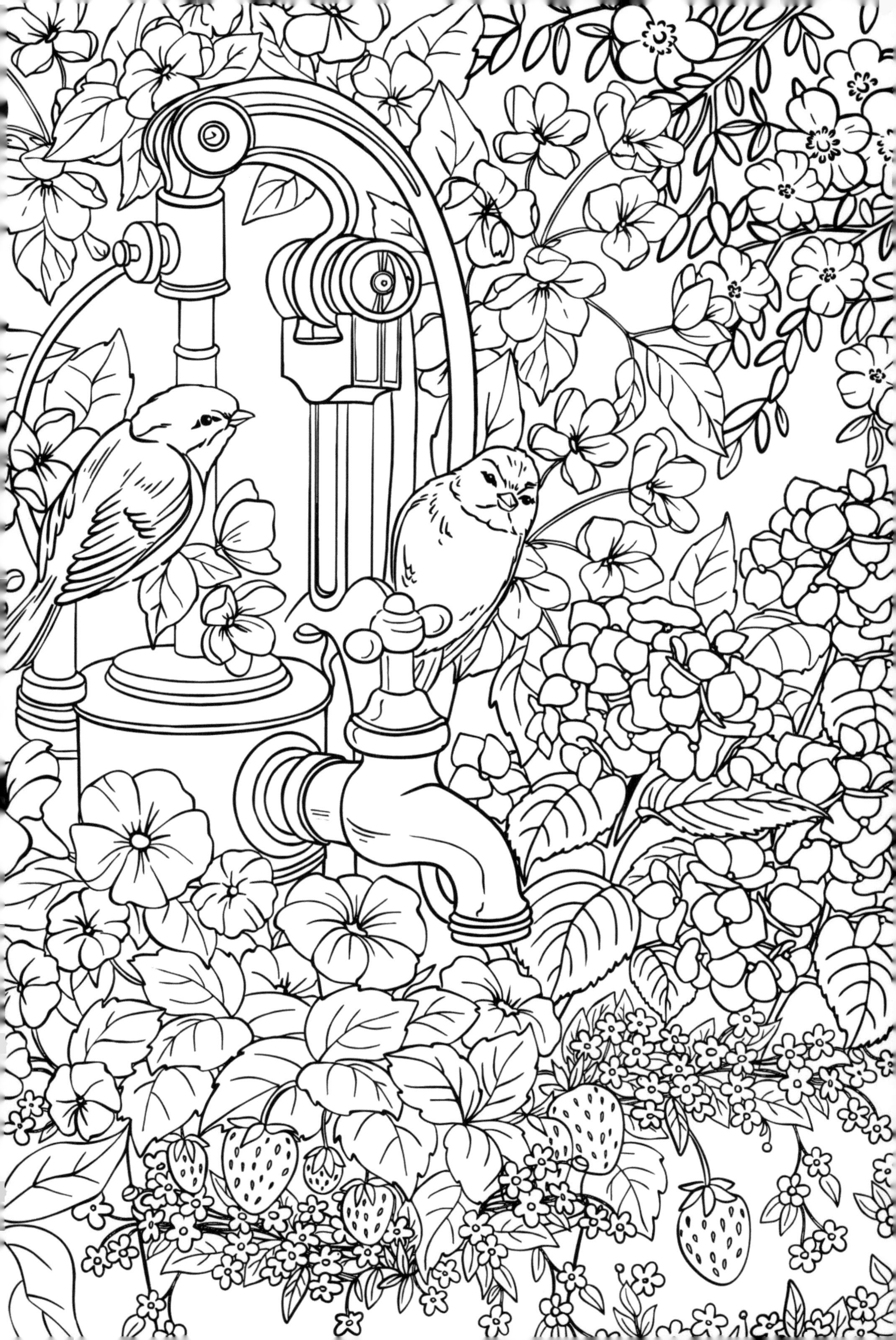

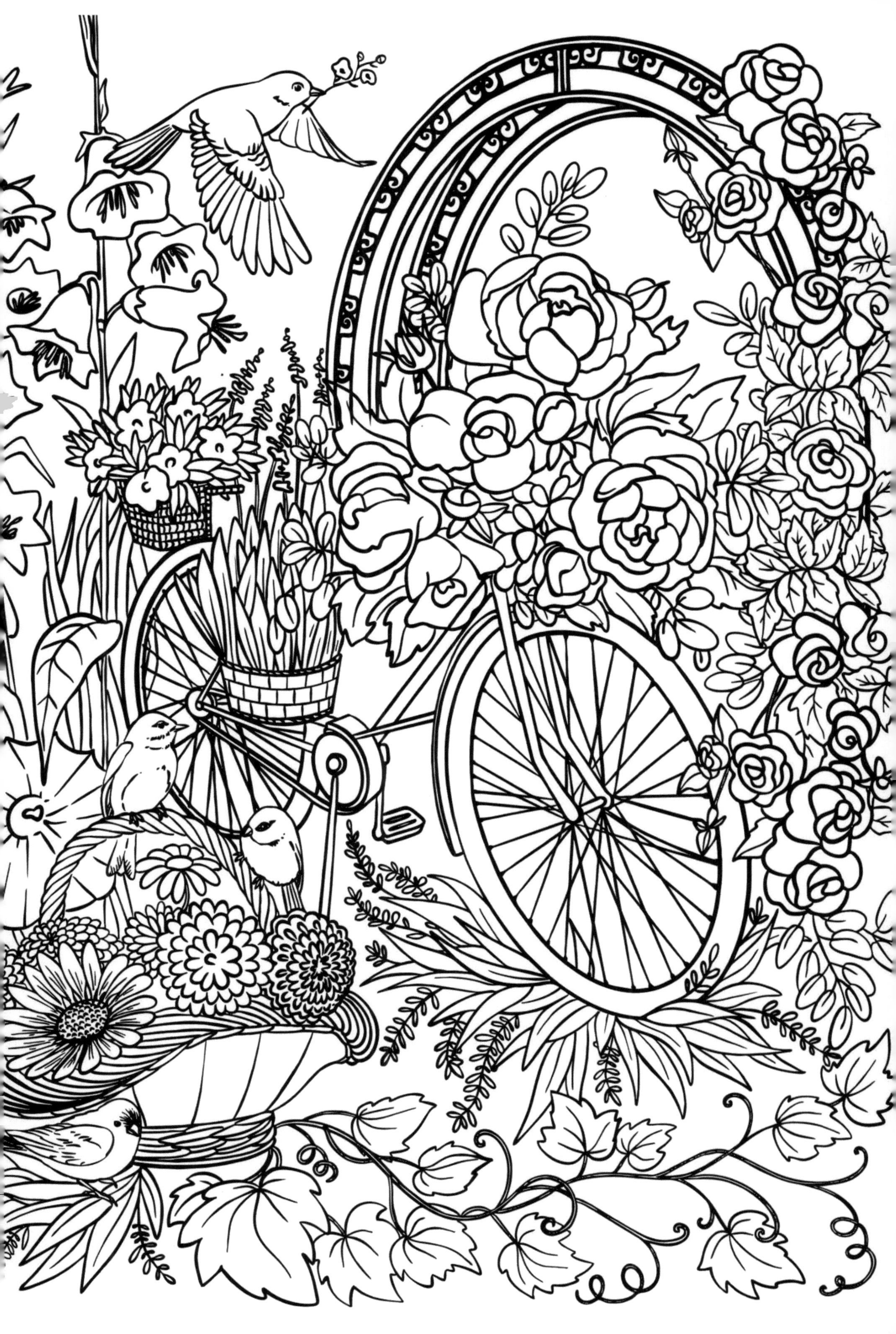

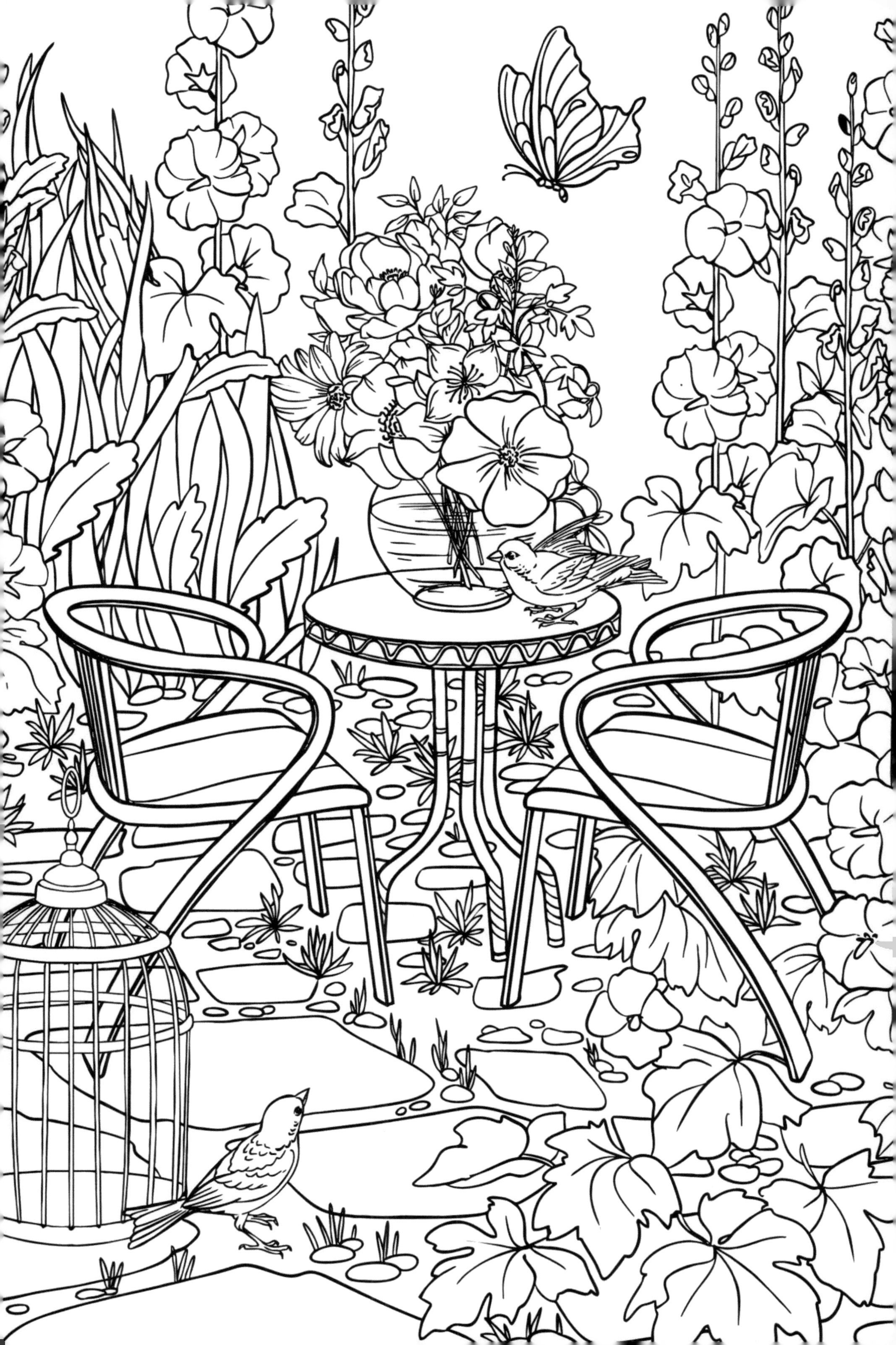

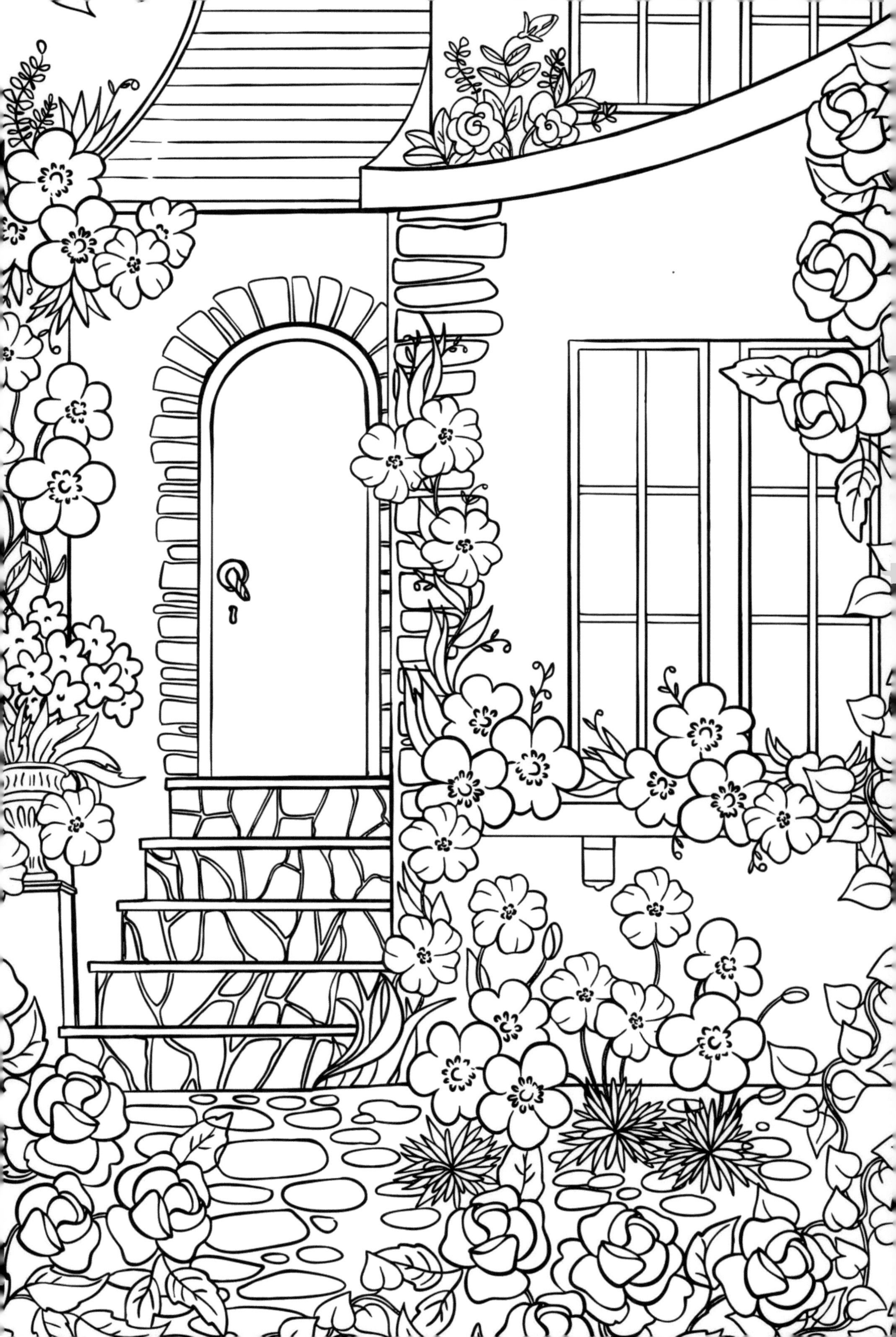

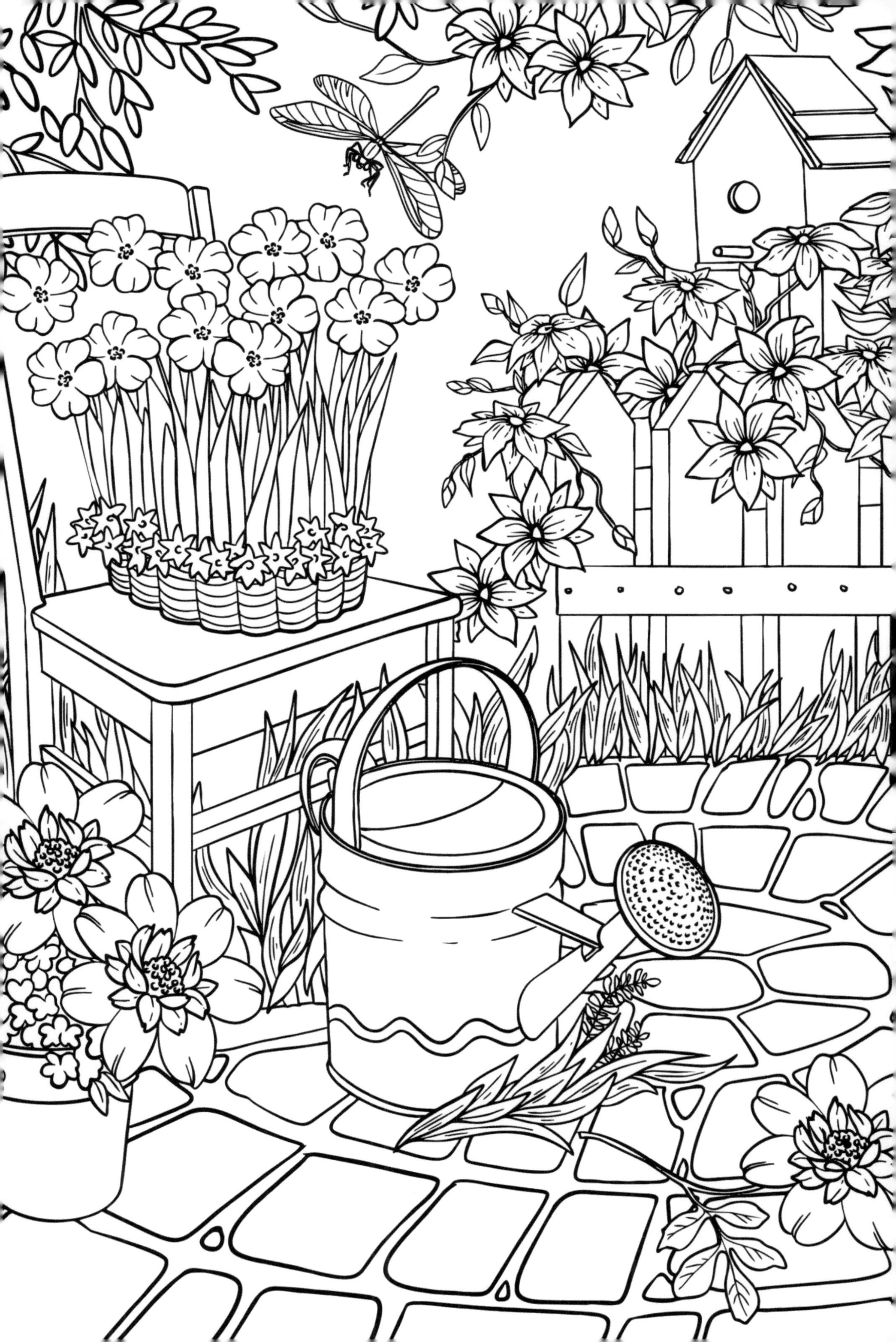

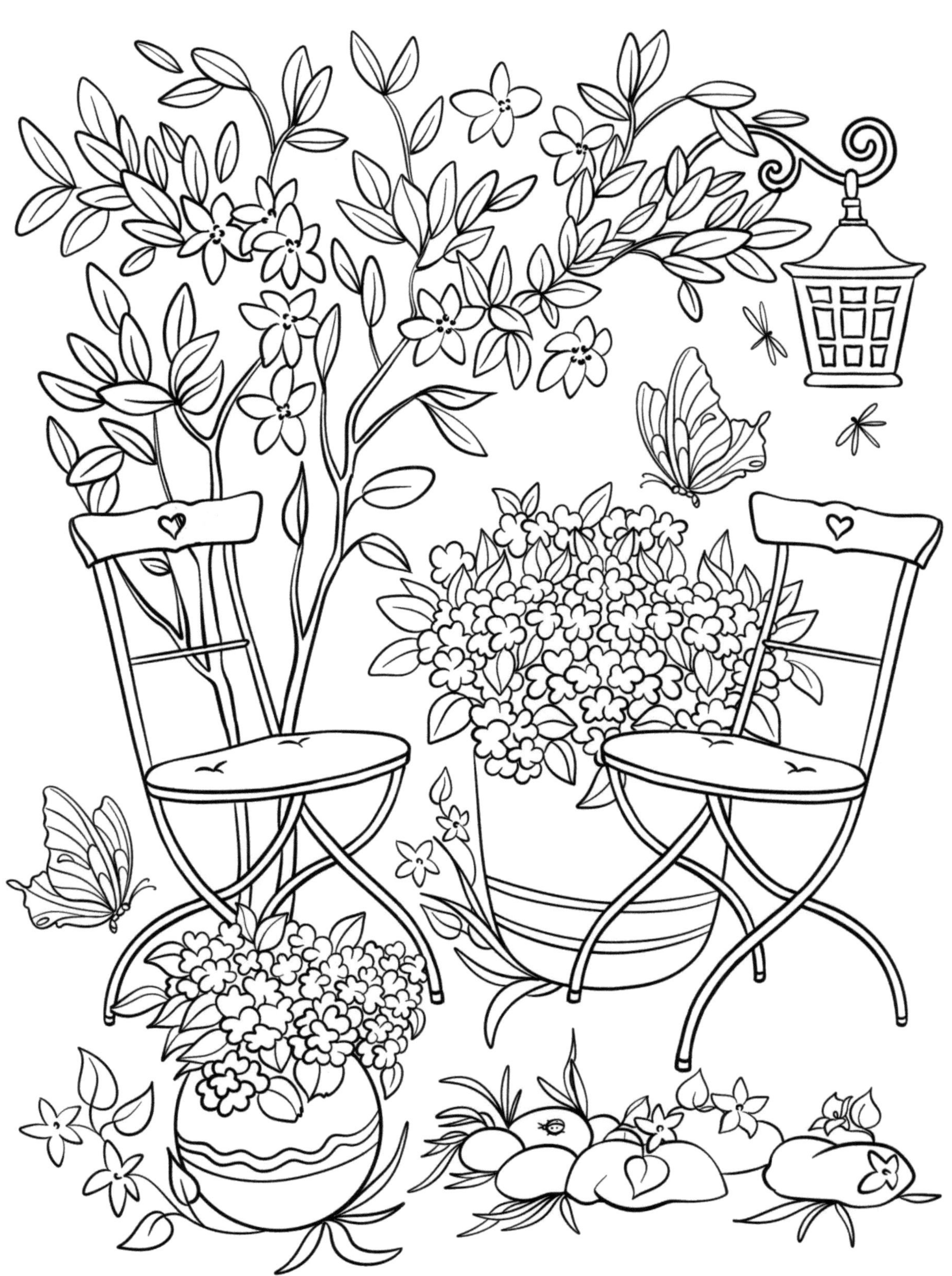

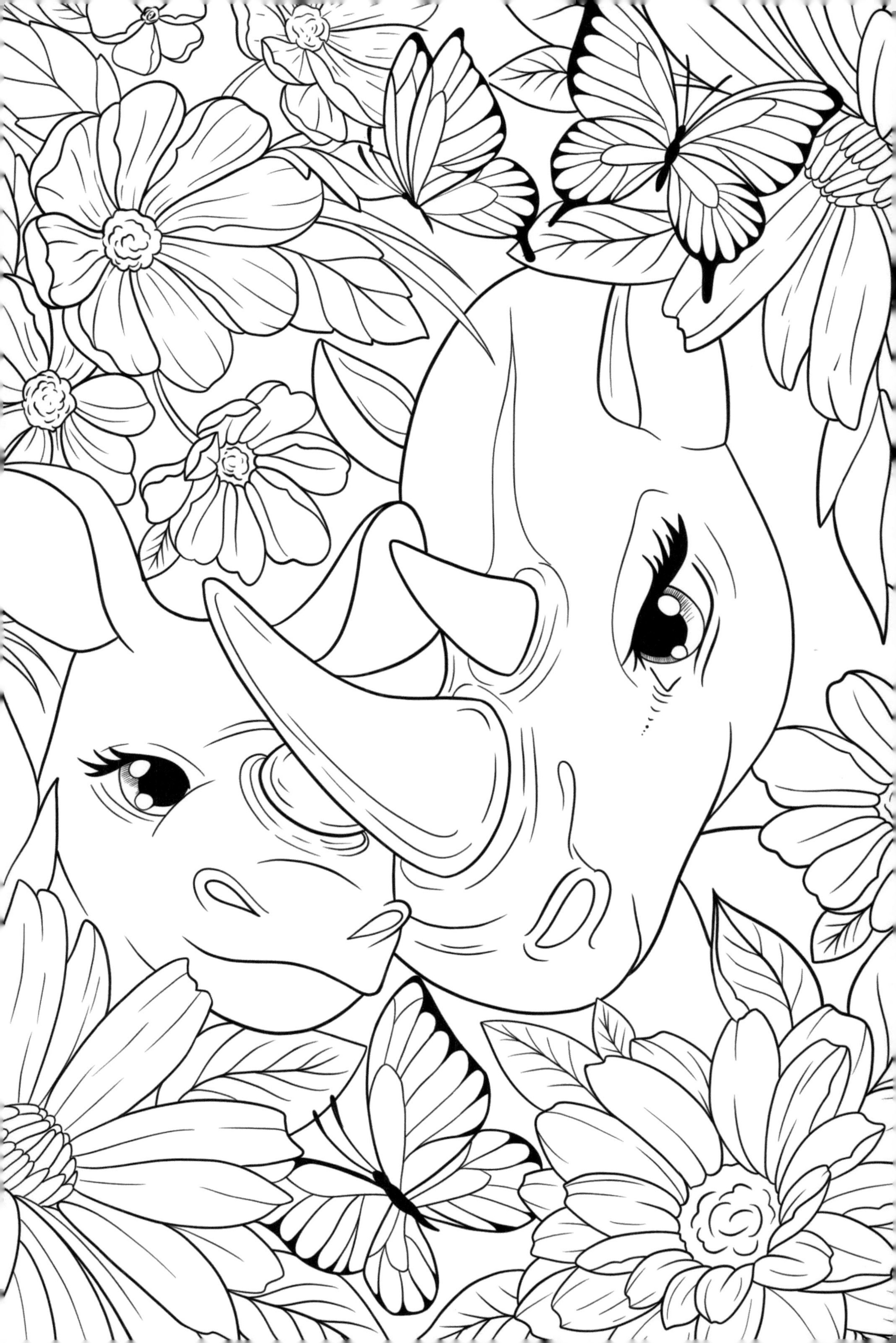

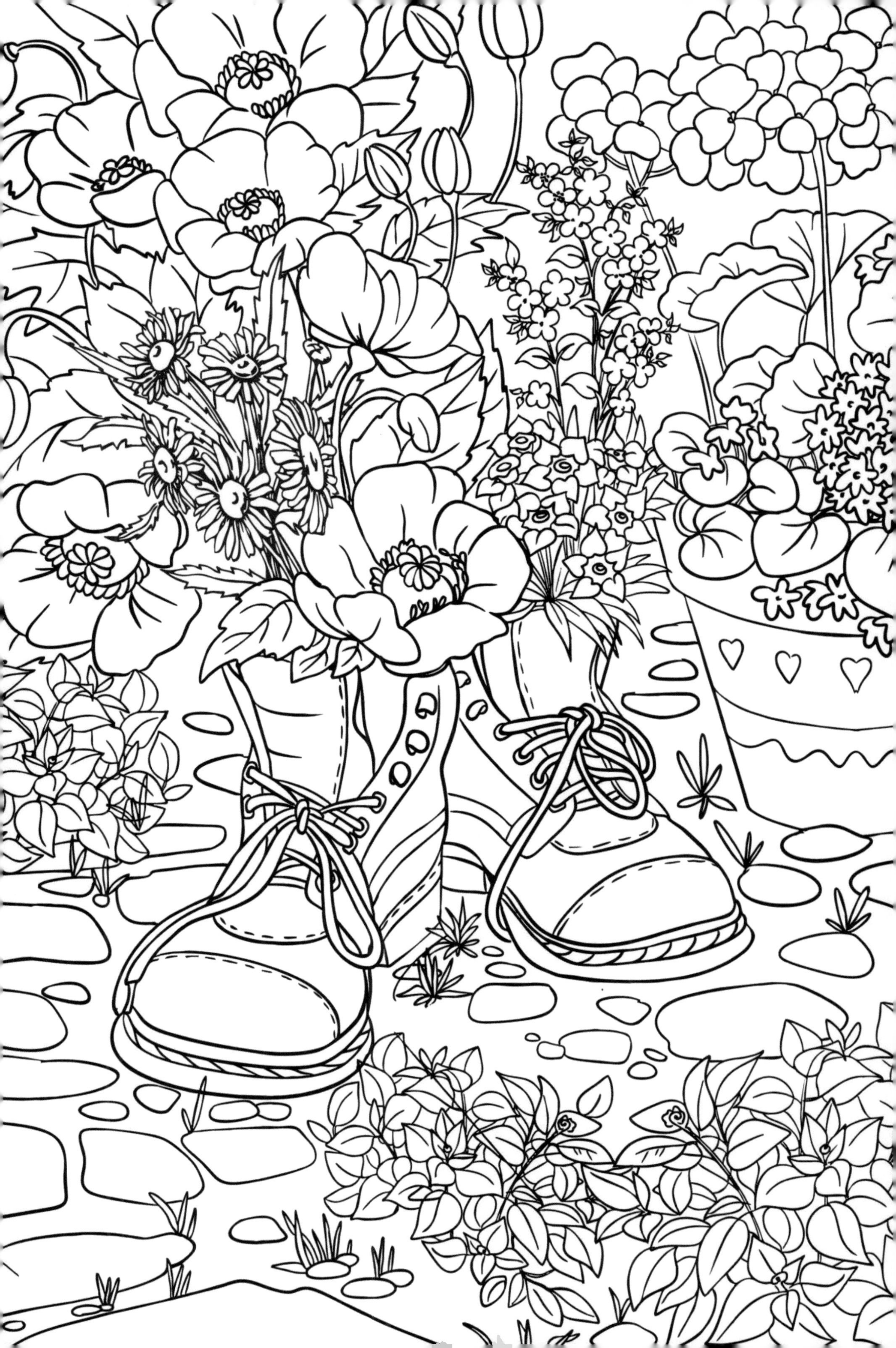

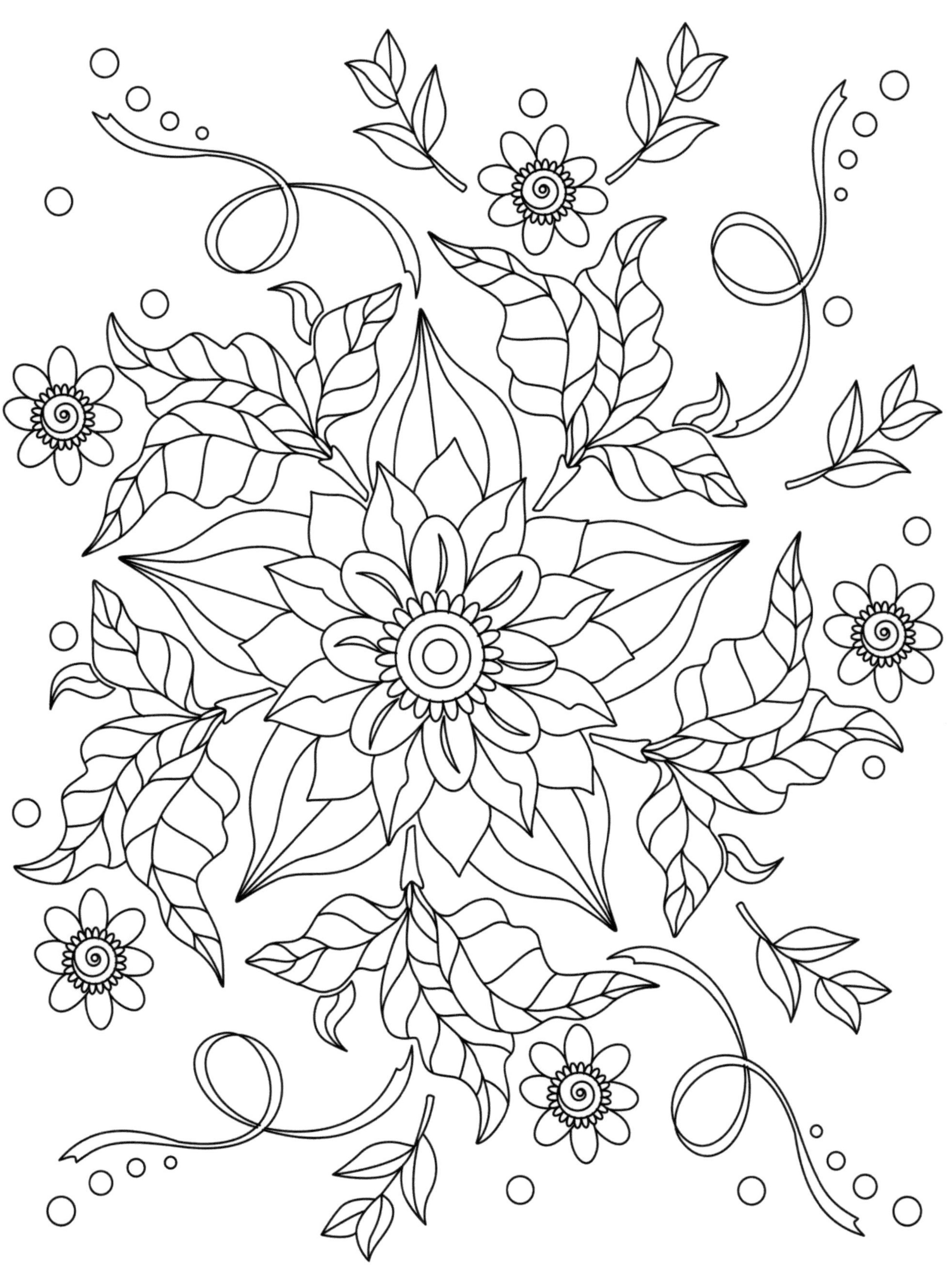

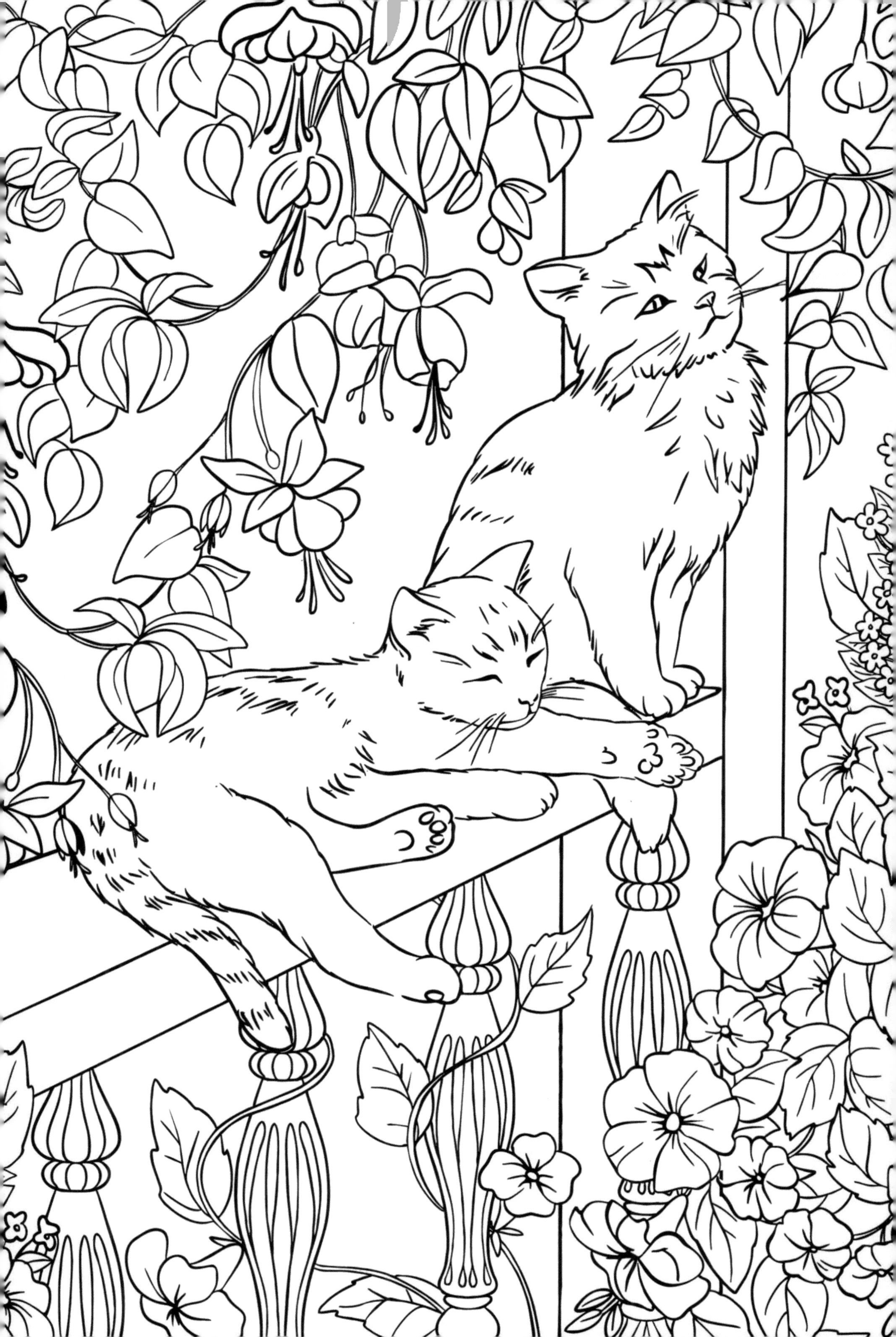

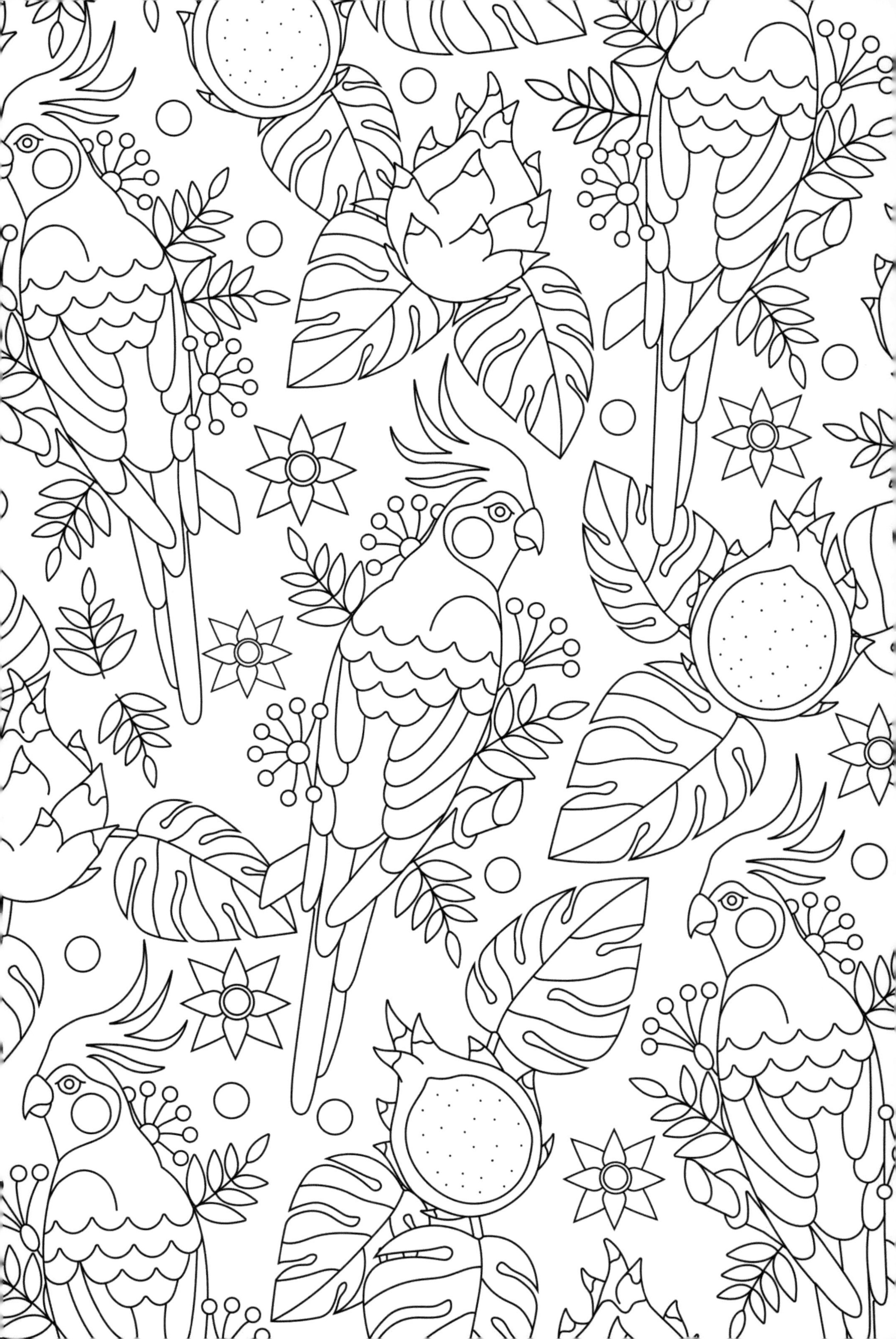

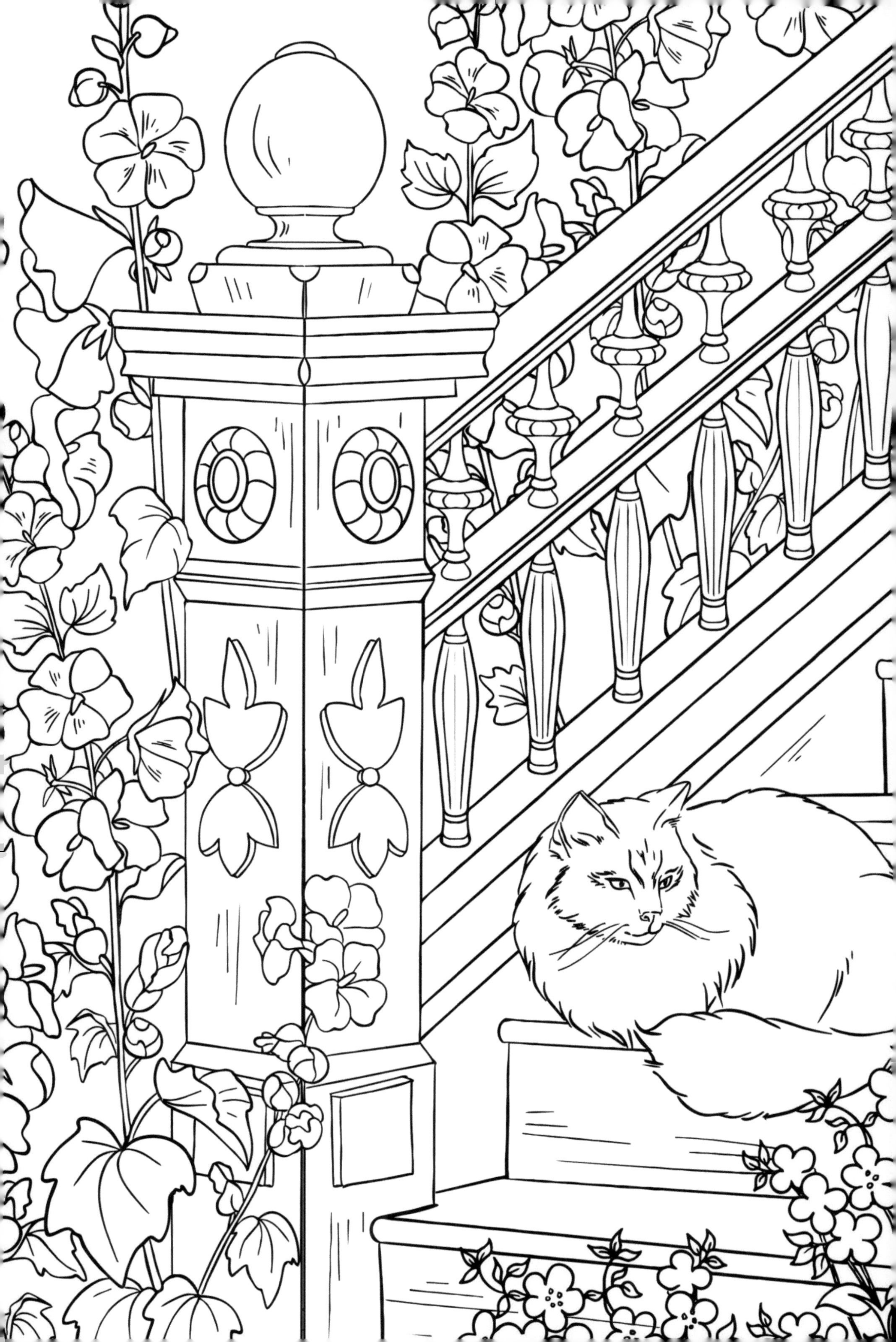

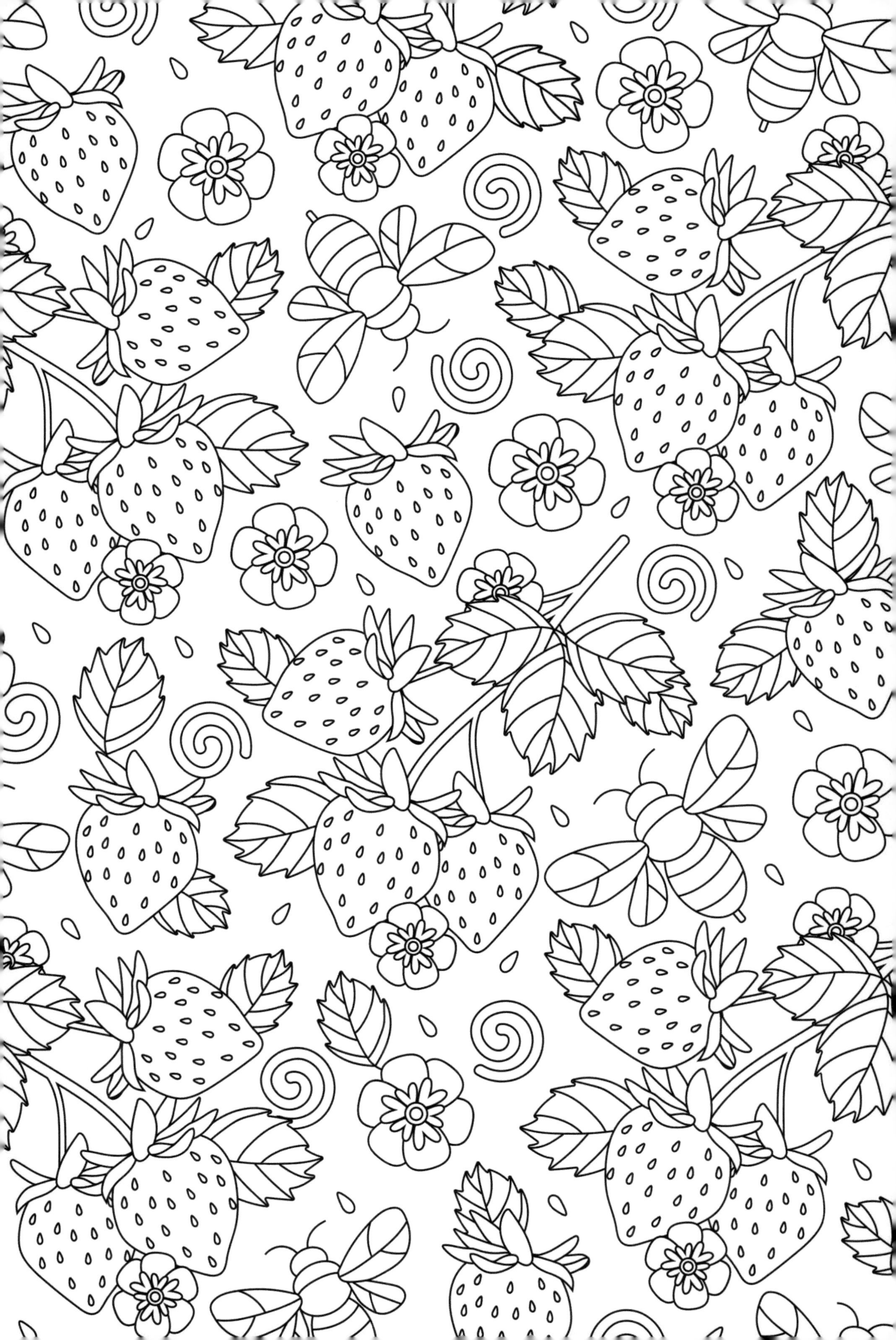

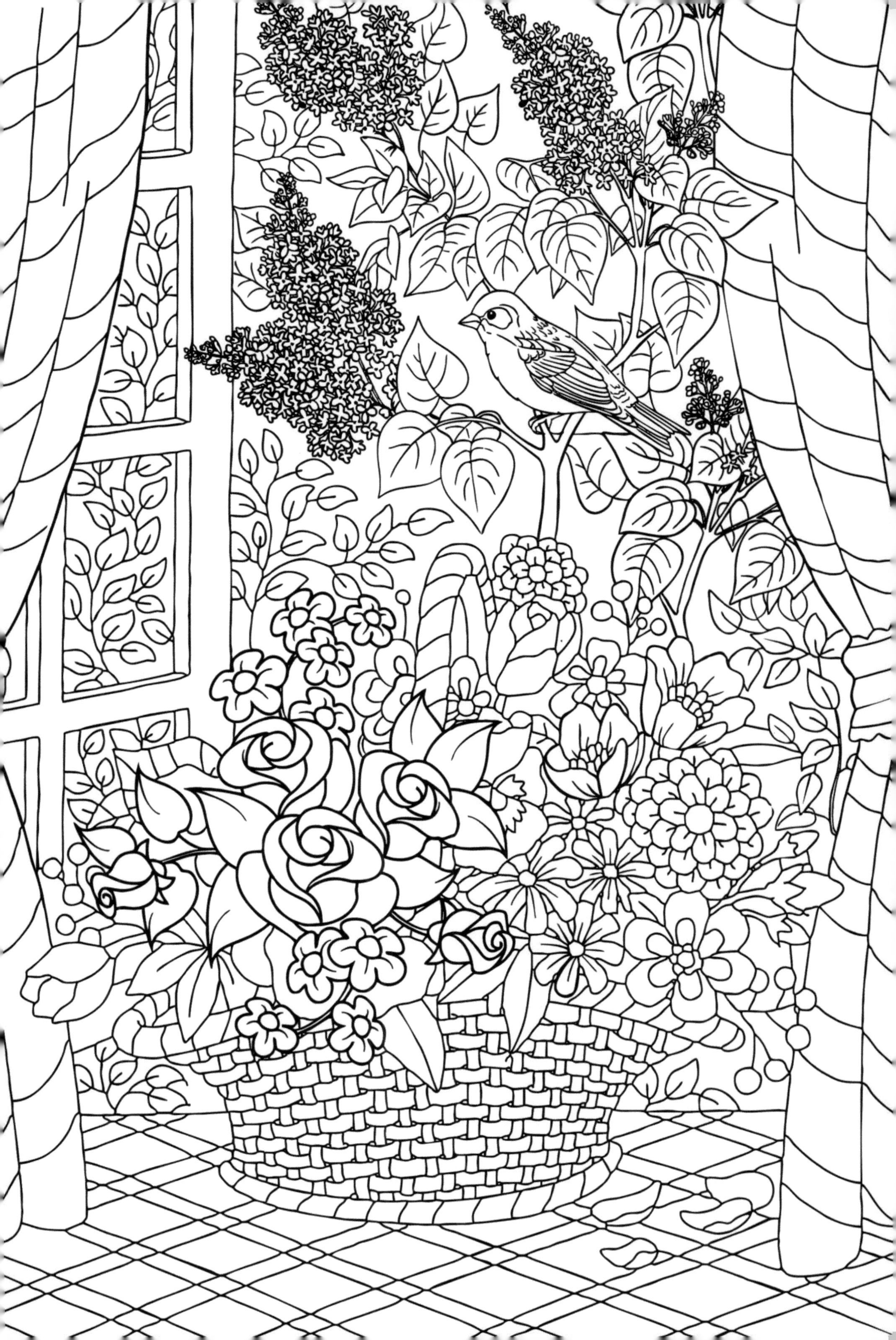

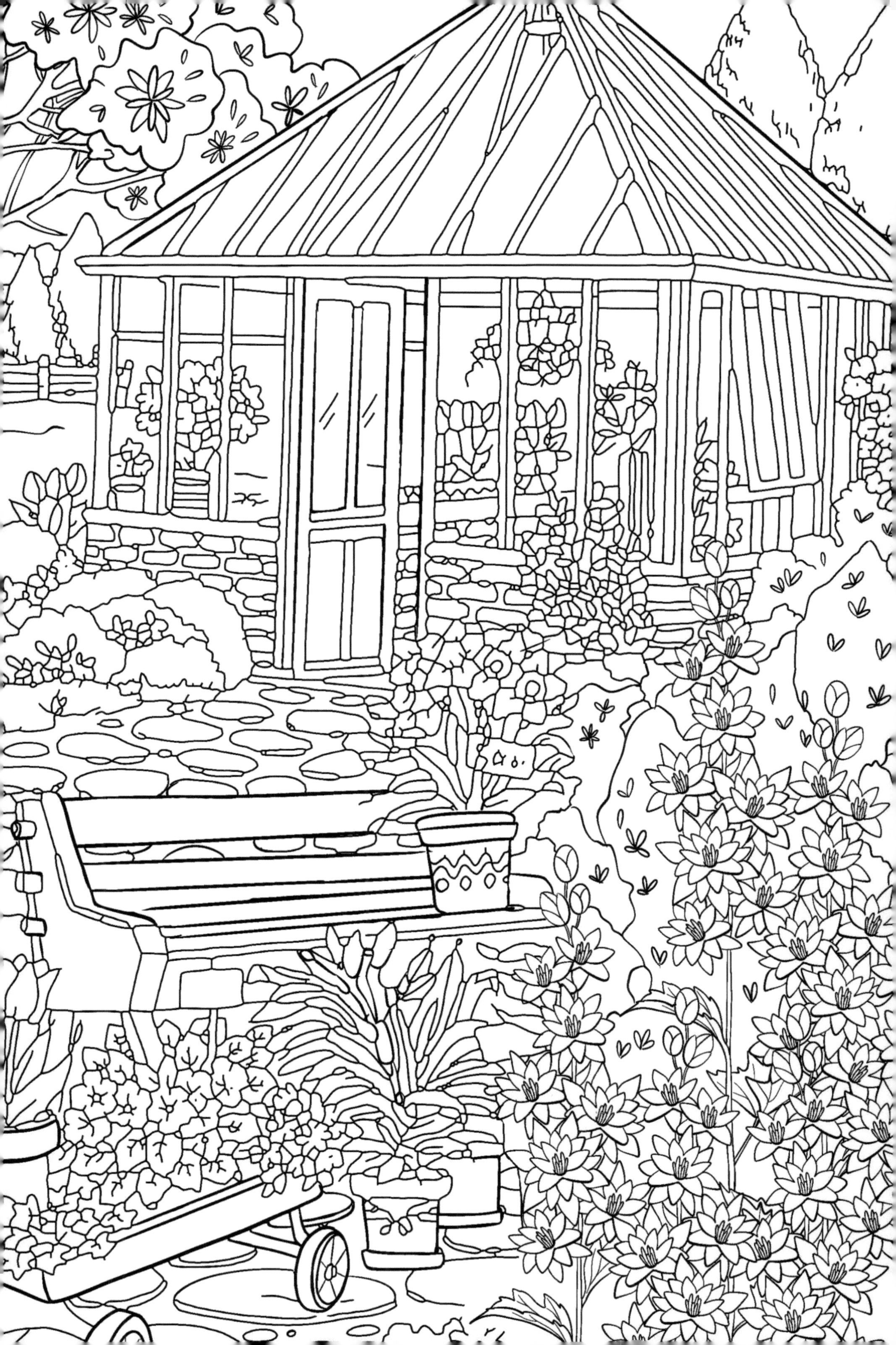

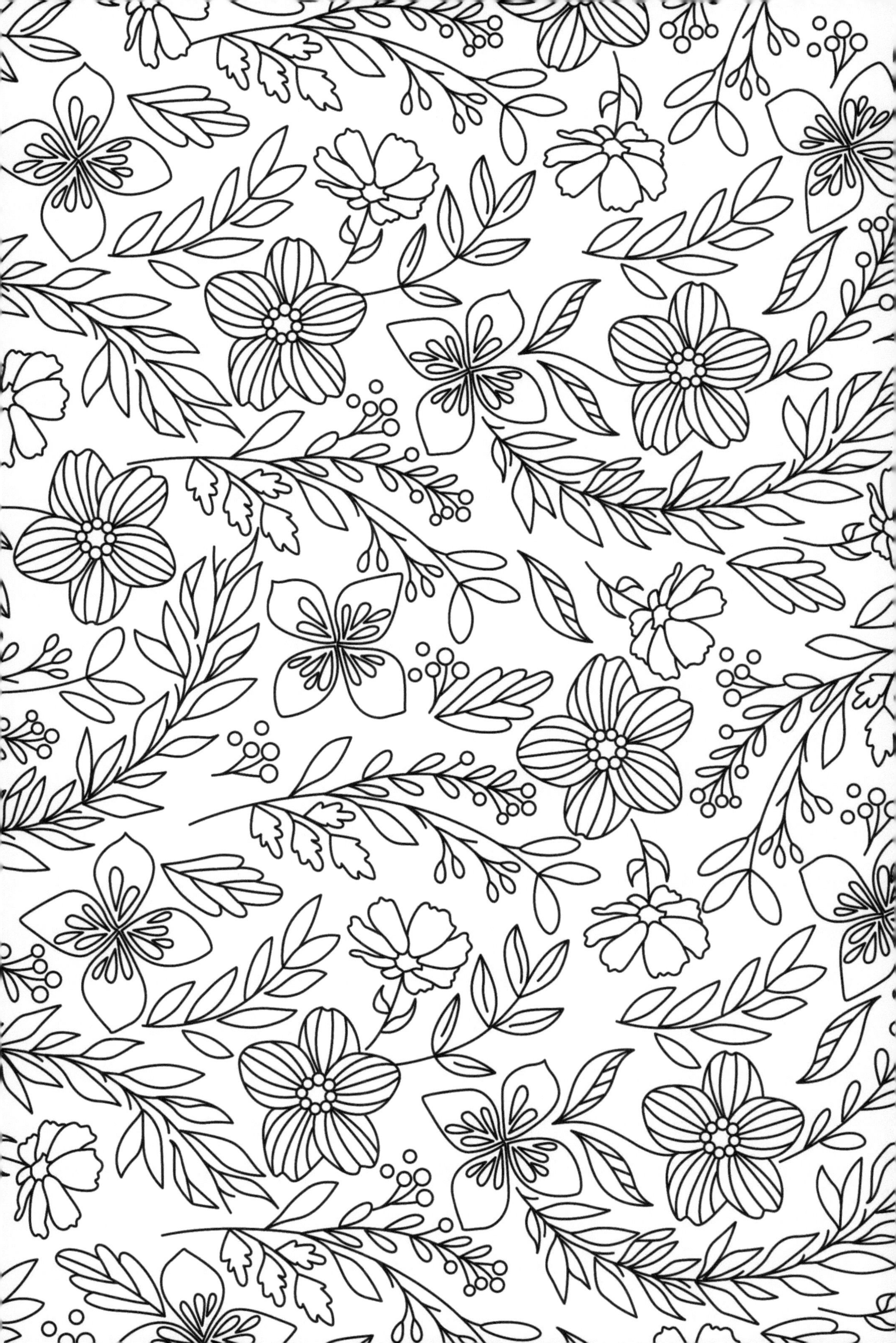

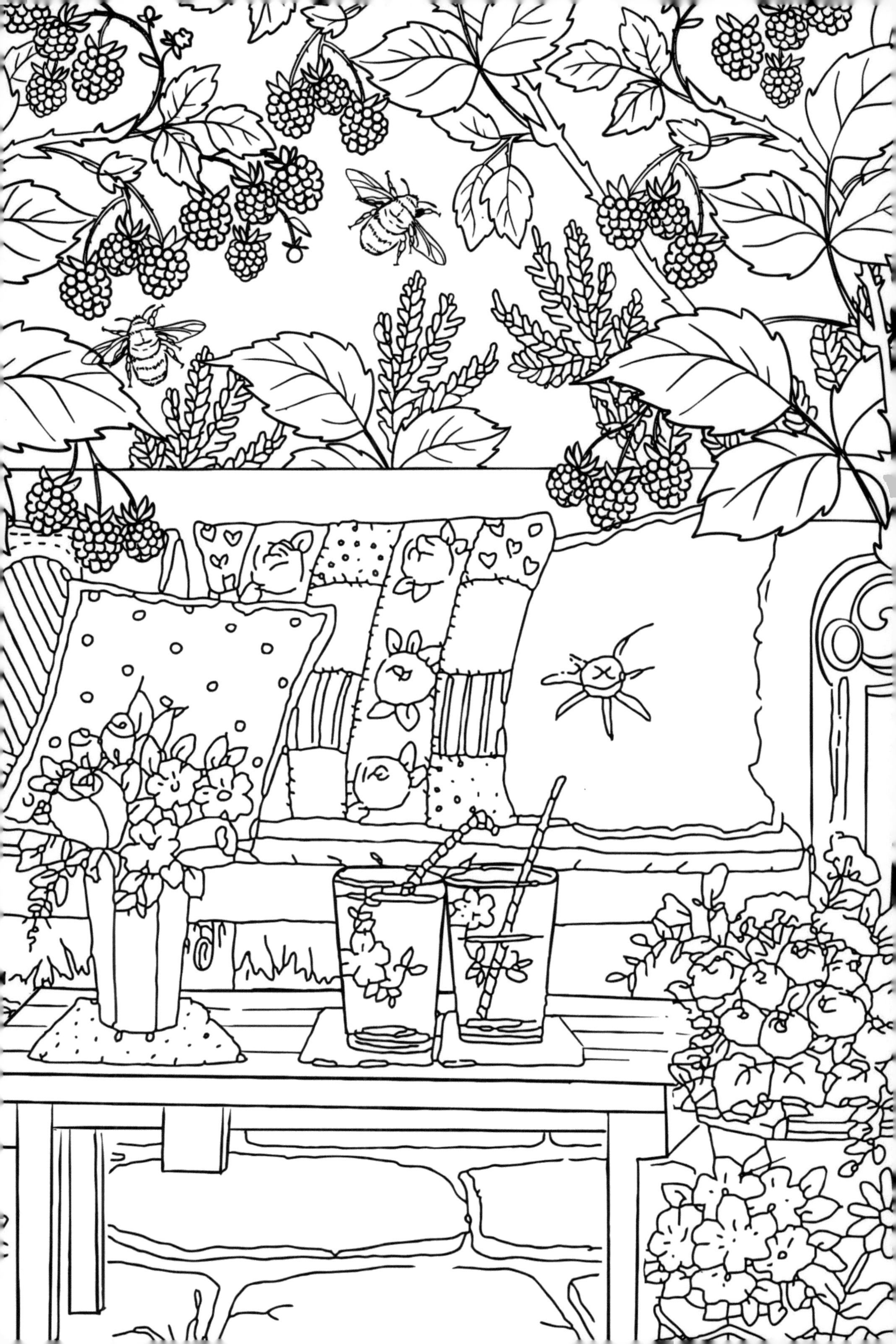

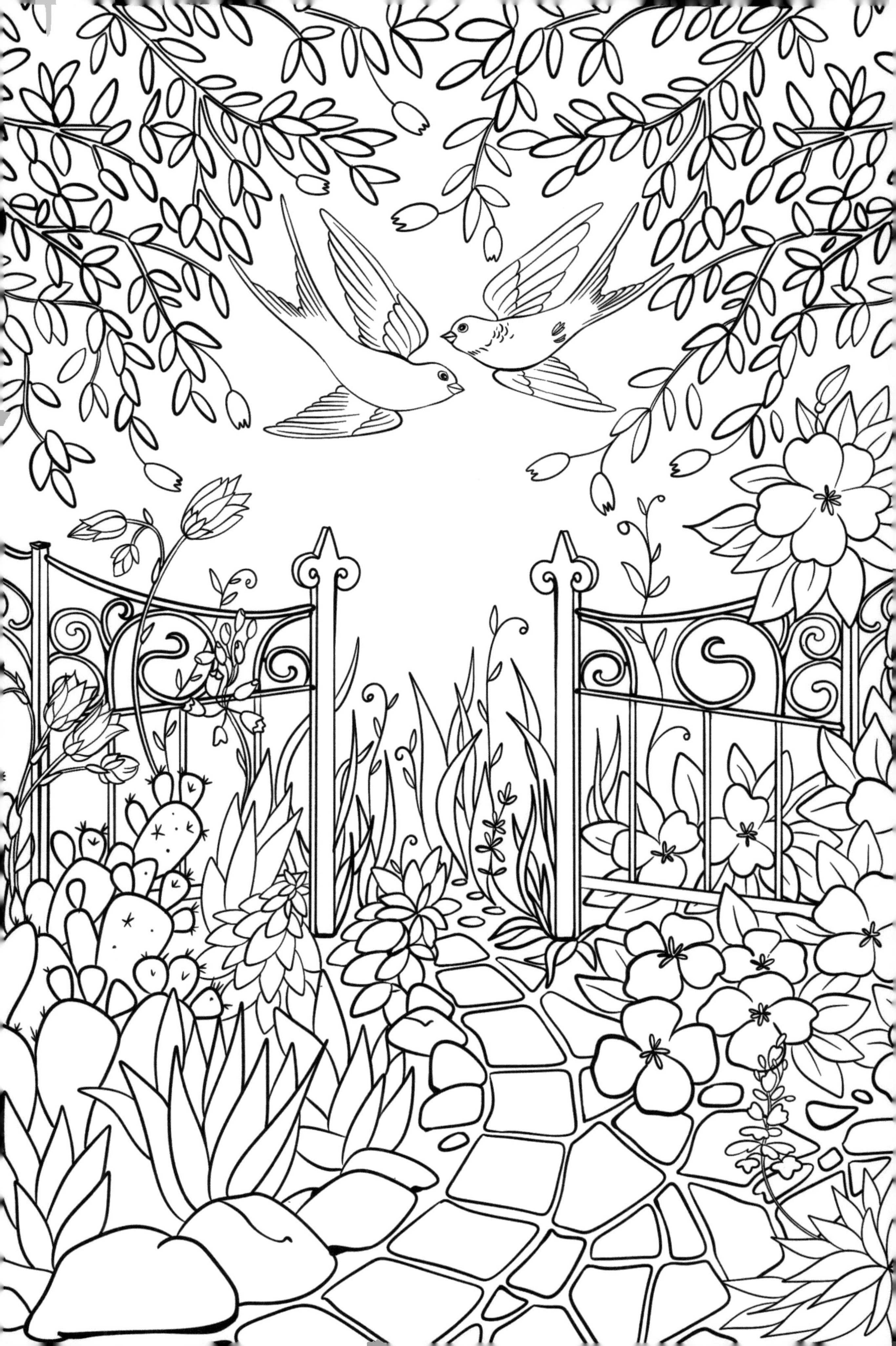

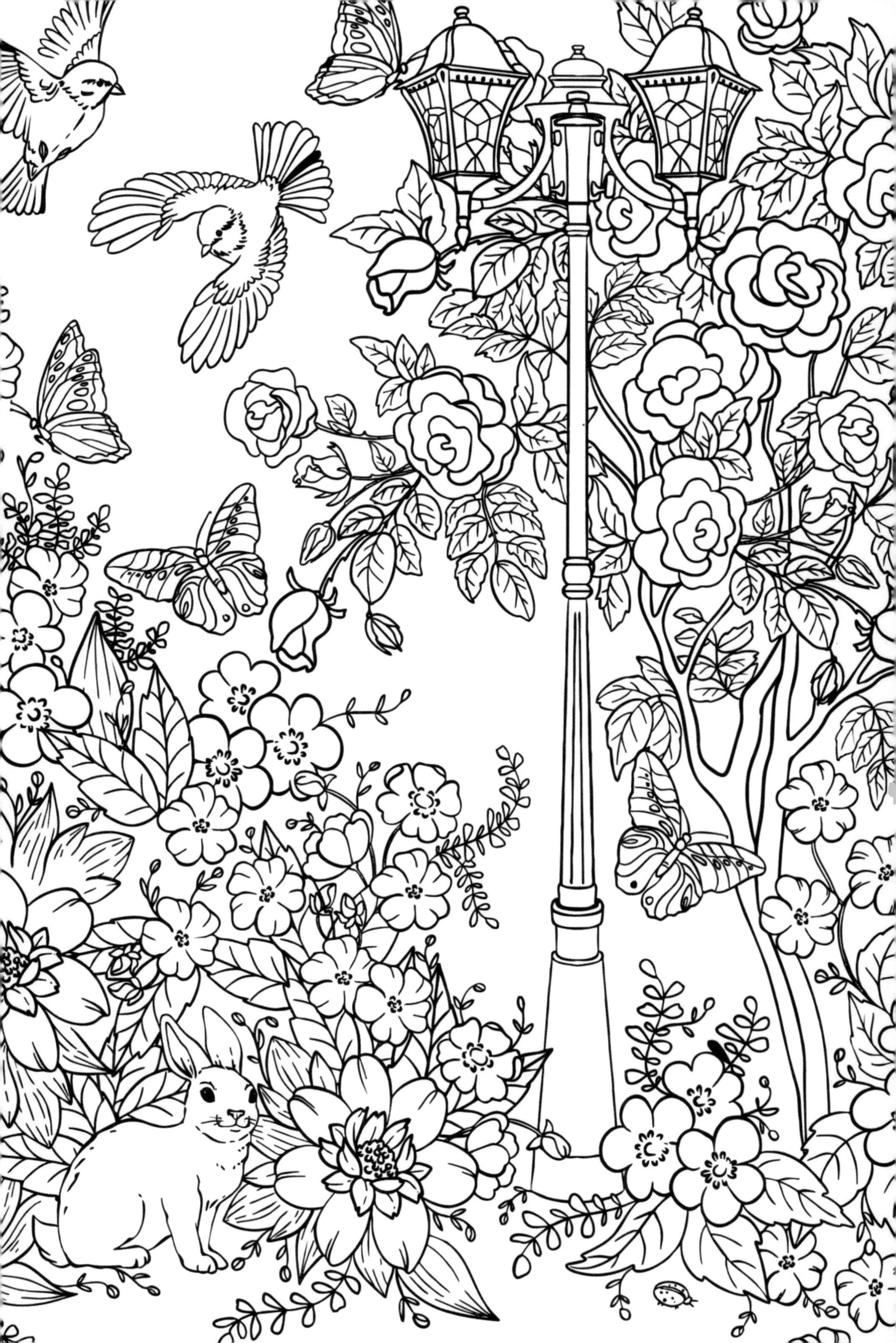

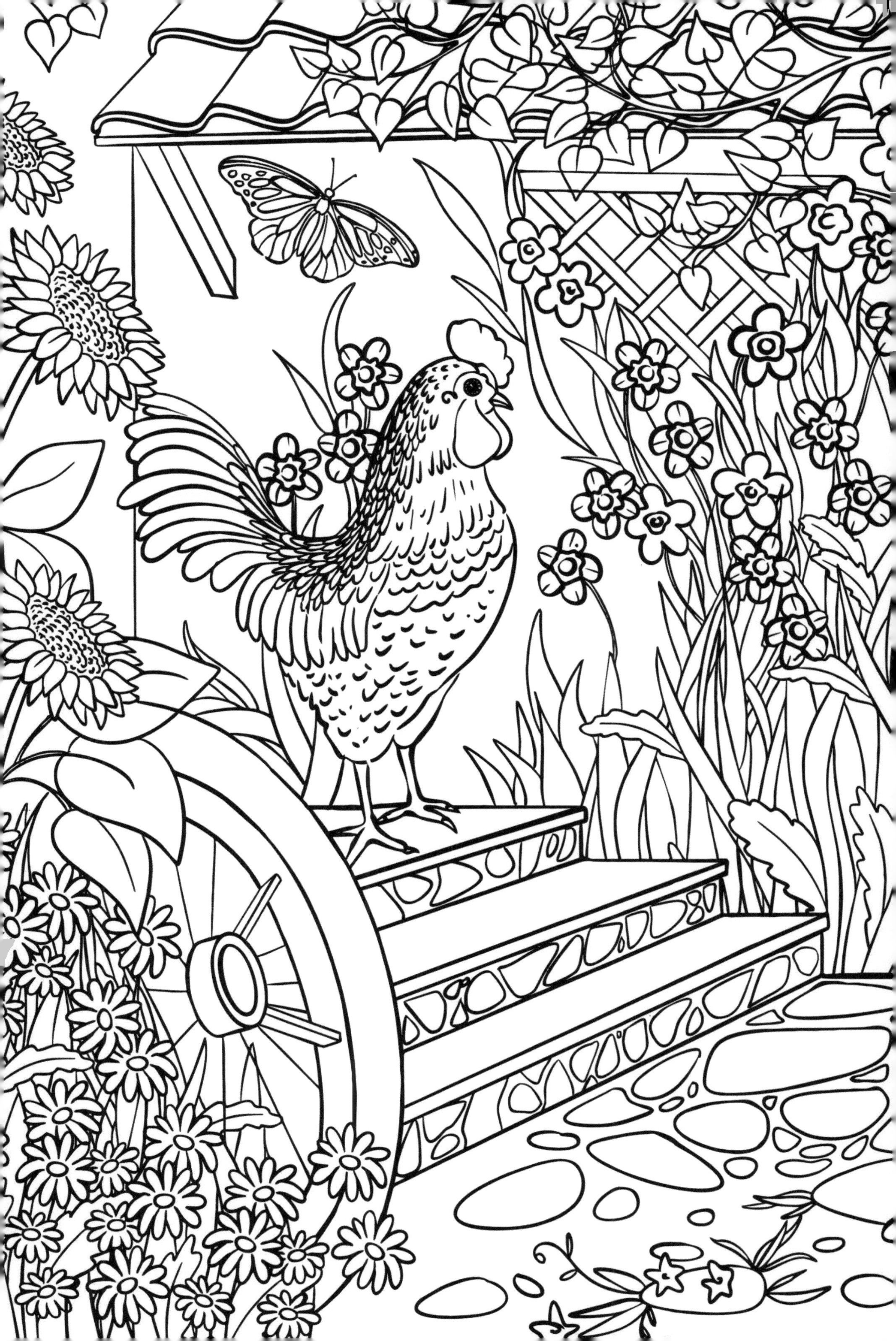

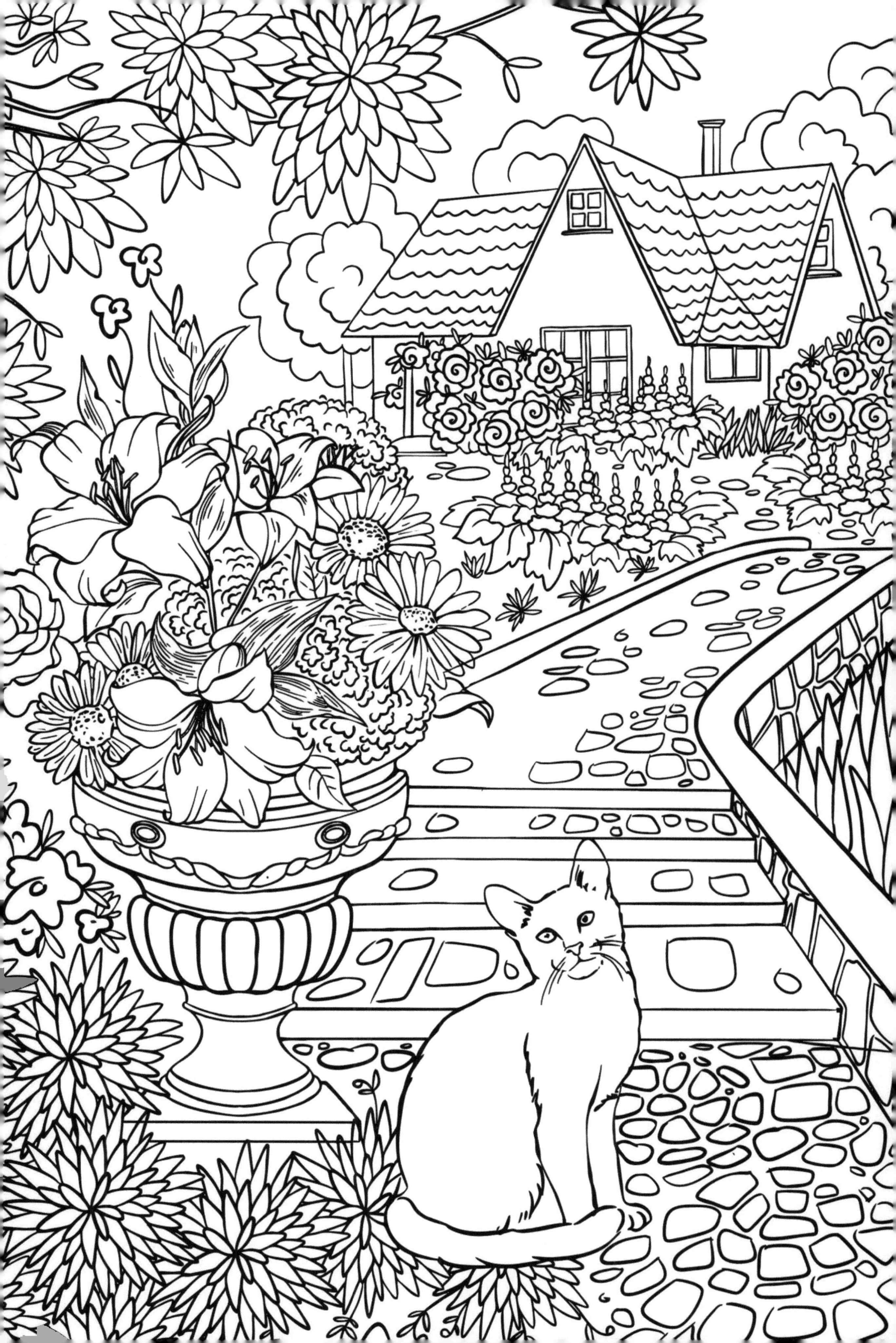

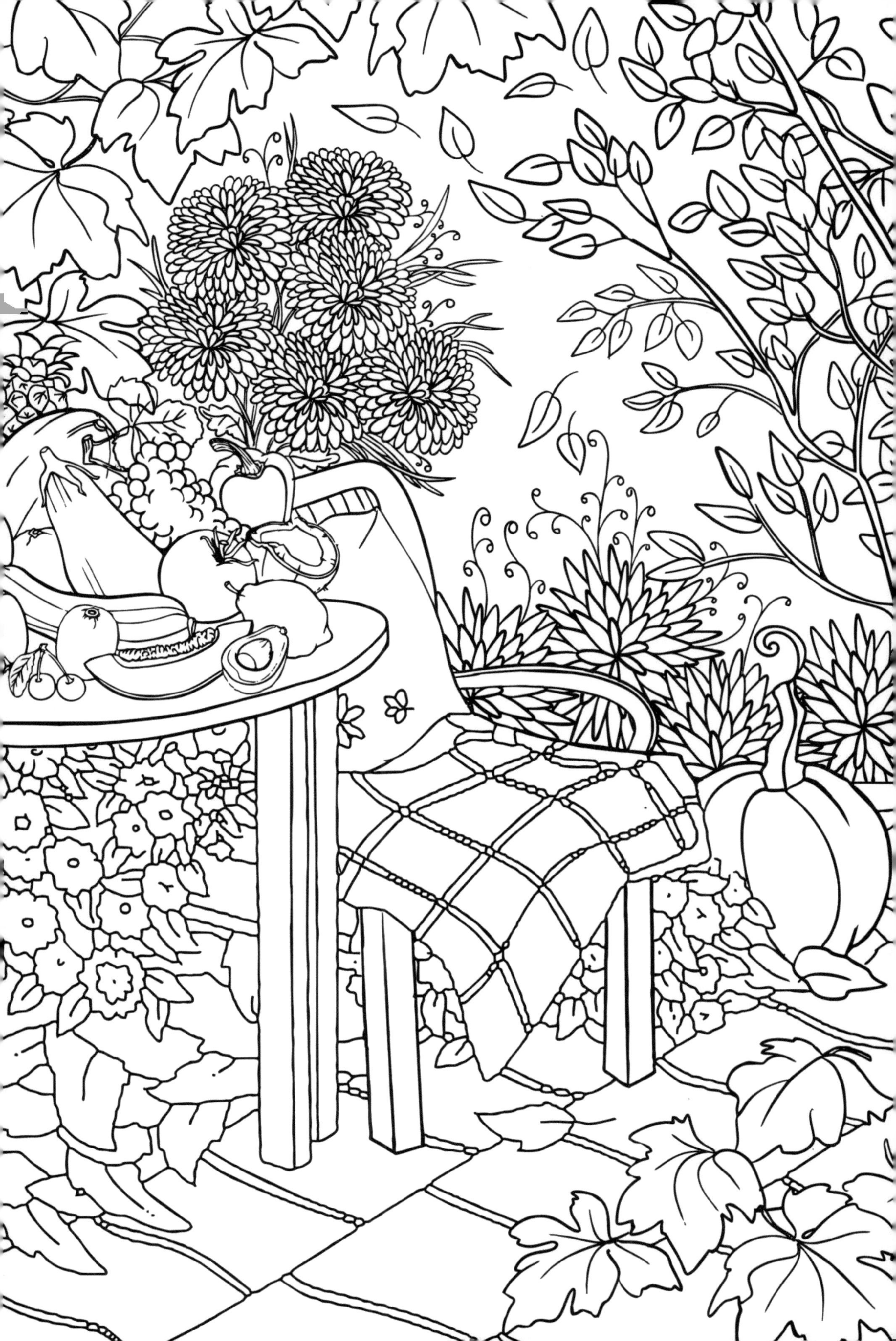

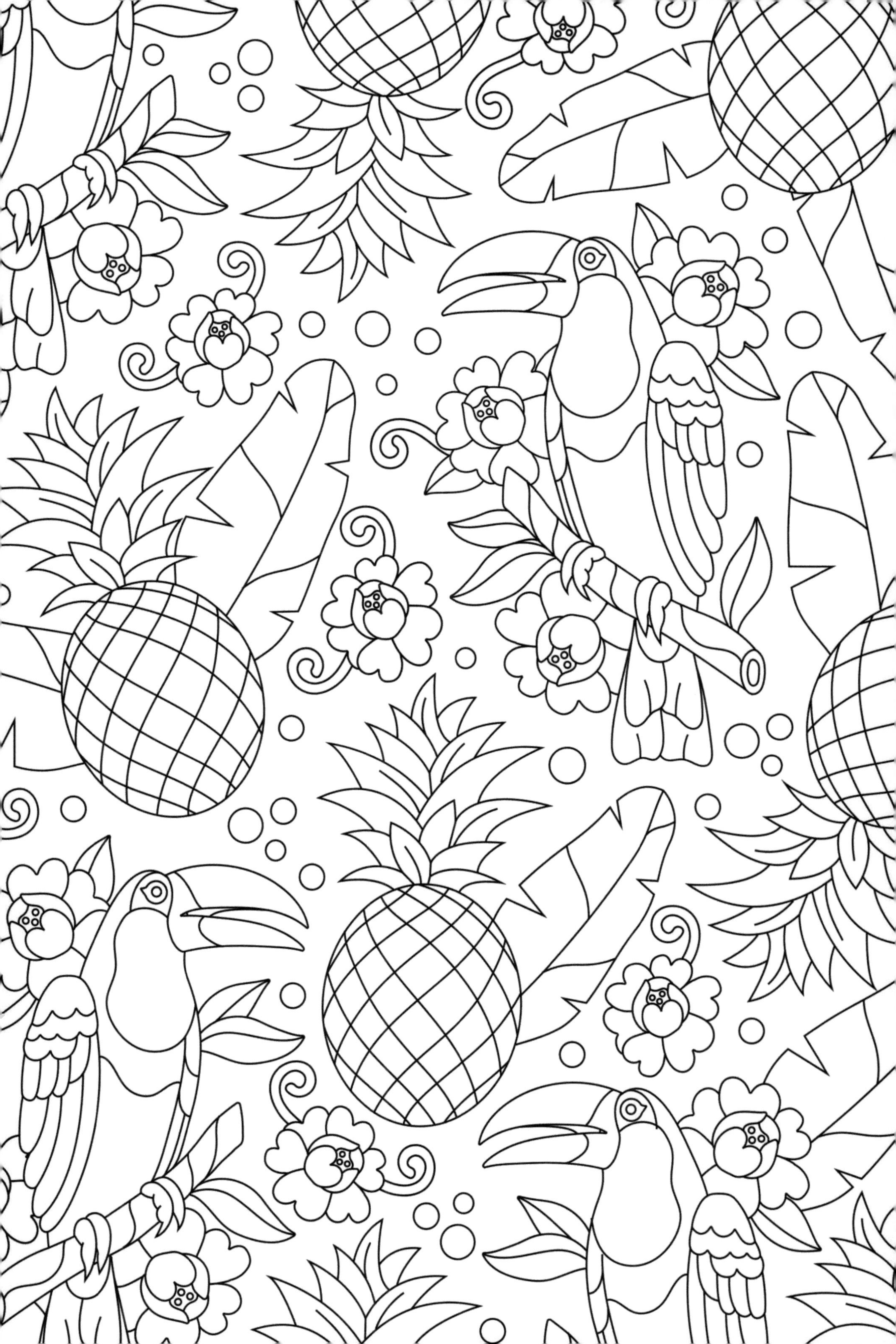

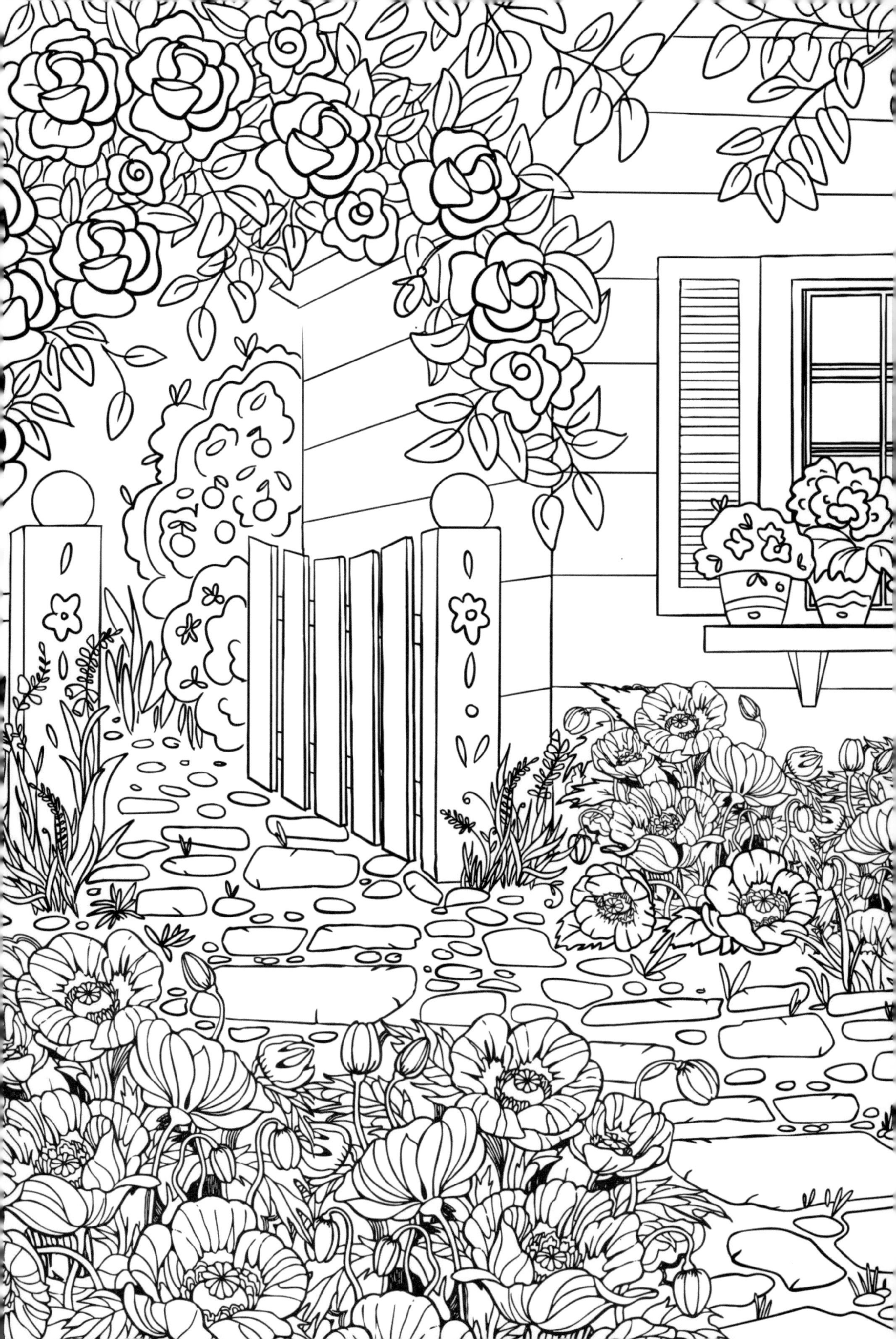

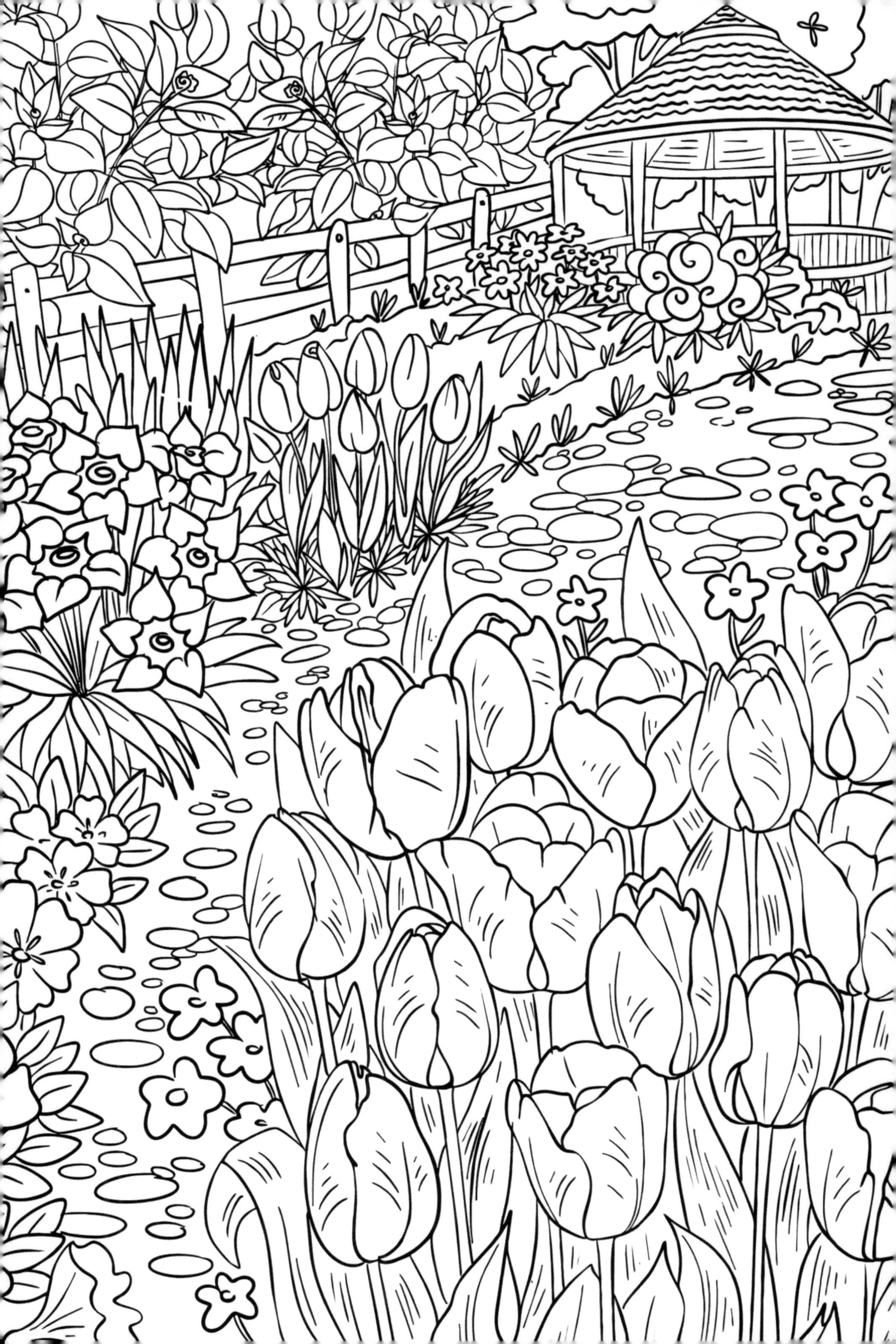

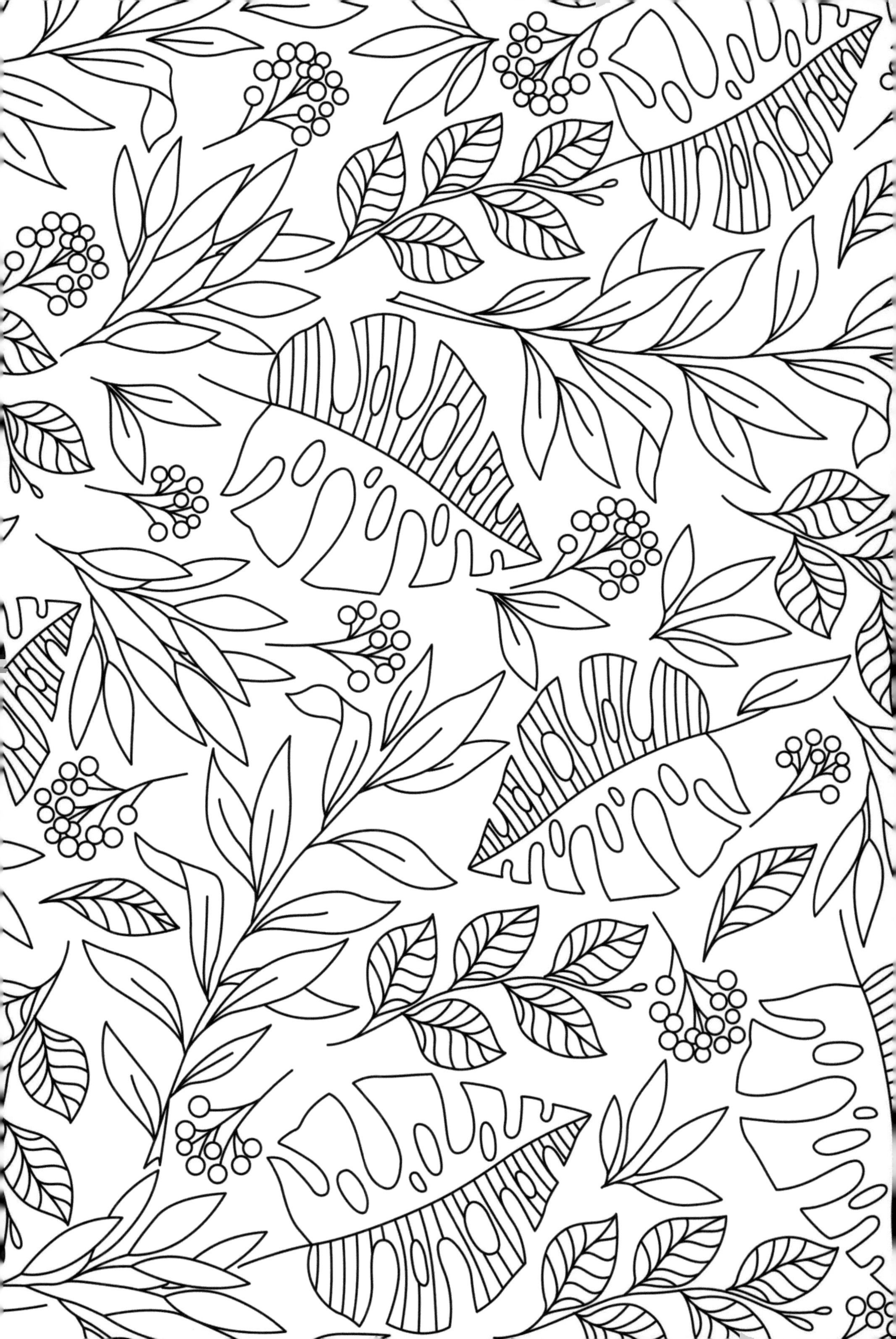

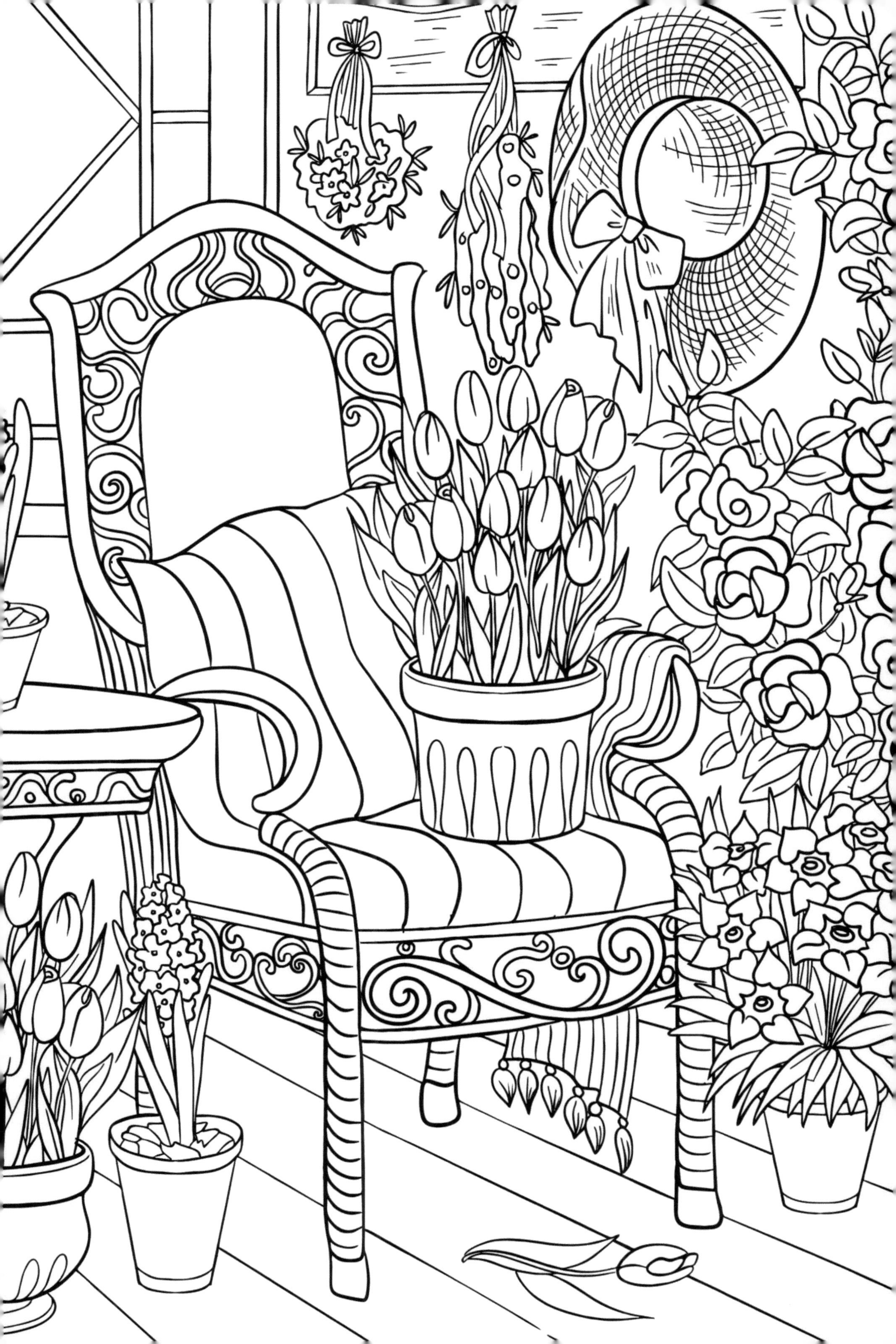

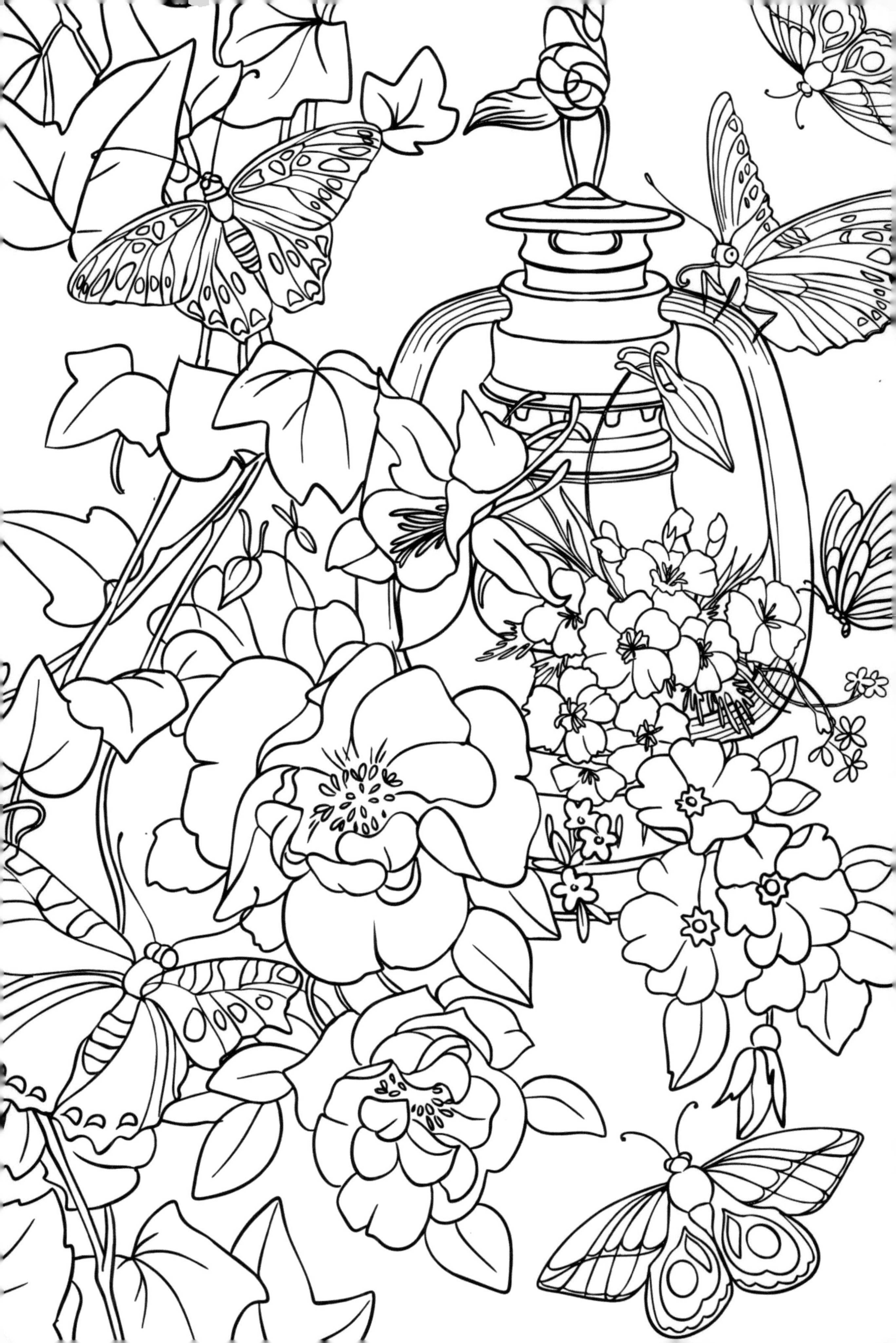

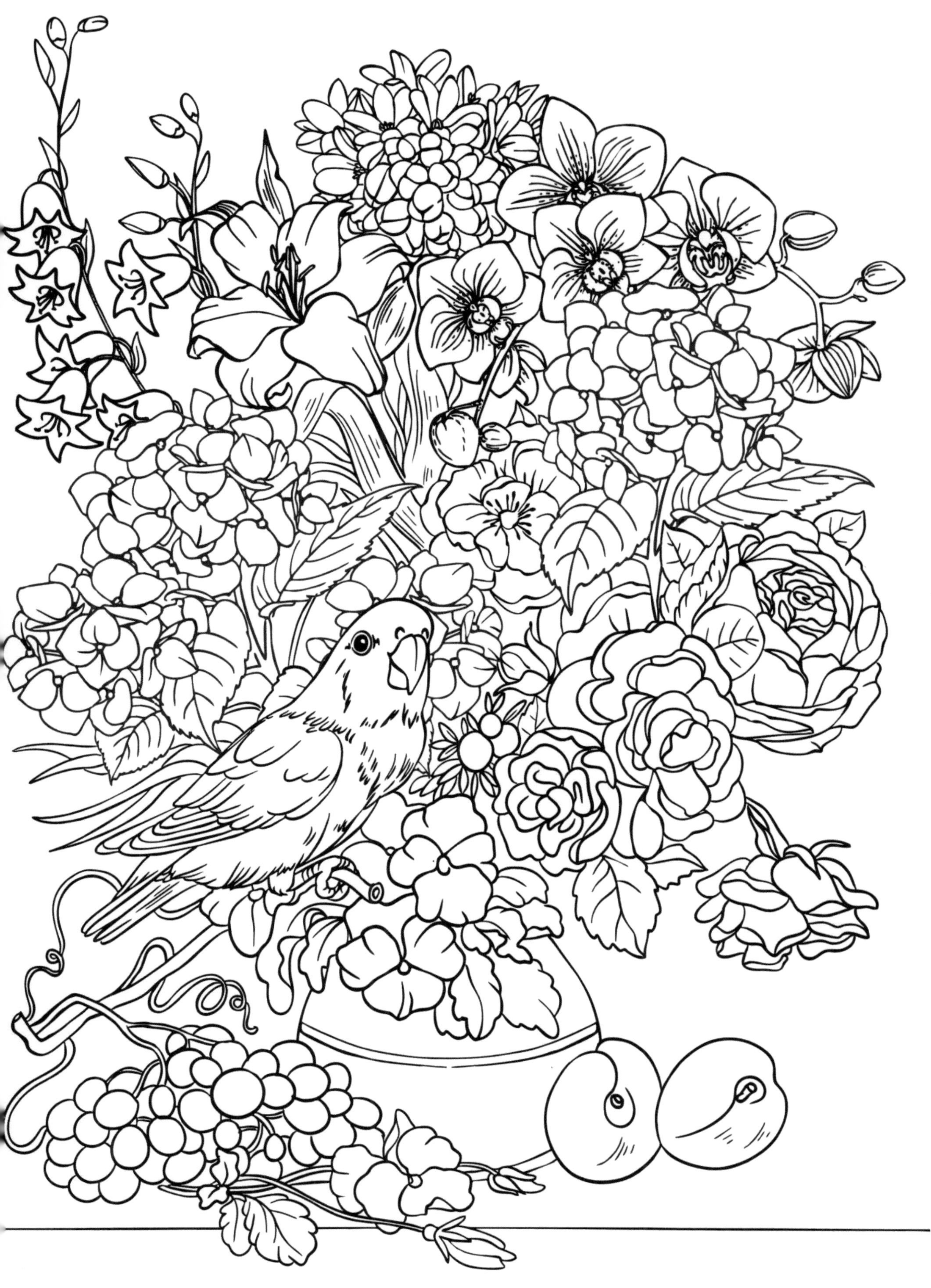